Proof of Heaven：
A Neurosurgeon's Journey into the Afterlife

天堂的證明

一位哈佛神經外科權威醫生
的瀕死體驗

伊本・亞歷山大──著
張瓅文──譯

來自各界的迴響與推薦

人類總是對死後的世界感到疑惑，或是恐懼。如果那是比人間煉獄美好的天堂，如果那是悲慘世界所不能比的極樂世界，那我們在害怕什麼？怕從此消失在這個地球上，永無輪迴或是重生之時？

我從很小就活在這樣的害怕之中，直到有一天我真的想去自殺了，反而眷戀起人生的種種美好，想通人生本來就是從「空無」到「有」生命，然後再度回到「空無」，然後便好好地活下去，繼續尋找自己人生的答案和意義了。

這本書是透過一位科學家真實的瀕死體驗，為人類揭開了死後的華麗世界；當我們知道了死後的世界，是不是會改變我們活著的態度和信念呢？或許這才是這本書的最大意義吧。

——小野

・本書深具療癒力。伊本・亞歷山大醫師的親身經歷，為渺小與尚有太多未知的人類開啟了靈魂不滅與上帝存在的確據。喪親者或許可以因此得著安慰，因為我們的至親摯愛以另一種形式繼續存在於另一世界。但更大的意義是，我們知道人短暫的一生是有限的，一切的物質擁有並非永恆，真正可以深存於我們靈魂之中一同離去的，才是永恆不變的生命價值，這本書讓我們得知那是——愛與生命的療癒。

——蘇絢慧・諮商心理師

・伊本・亞歷山大以獨特的觀點，從身為患者的靈魂意識角度出發，結合科學知識，帶領讀者進入神的世界，本書故事最吸引人之處，即在於讓讀者看到離開人世後的另一個世界。我們無需有所畏懼。

——《手術刀與靈魂》作者艾倫・翰彌頓醫師

・伊本・亞歷山大醫師的經驗非常不可思議……閱讀他在天堂的短暫遊歷，令人感到振奮。

——拉比尼爾・葛德，席爾提瓦猶太教堂

・亞歷山大醫師的經歷清楚投射出天堂的景象、來生的世界，以及猶太教神秘傳統中關於意識潛能的一面。

——拉比 米爾・桑德博士

・我曾讀過許多類似書籍，大多抱持懷疑態度。但這本書以科學分析方式，引導讀者接受作者所經歷的現象。經過五年喪子之痛的我，因為這本書的出現，接受有天堂的存在，也才得以稍感安慰。相信許多經歷過失親之痛的人，可以透過本書而感到安慰。

——讀者M.W.

・同樣經歷過瀕死體驗的我，曾經不斷尋找答案，希望得到瀕死體驗的合理解釋，但卻始終無法找到任何的書或影片，可以確實解答心中的疑惑。直到這本書出現——伊本的經歷顯然比我（以及我所見過）的經歷更深層、更深切。本書內容除了描述我所見過的類似情景之外，也提供許多科學佐證。無論你是基督徒、佛教徒、量子物理學家，或是想探索未知的人，這本書都是打破現有思維的最佳工具。

——讀者Pat

・閱讀這本書後，更堅定我對未來靈性生活的信念。我高齡九十八歲的母親在陷入昏迷十天之後過世，當時她被我們兄弟姊妹及許多子孫所環繞。亞歷山大醫師的經驗為我的生命帶來安慰與改變。我推薦這本書給所有追尋、想要更深層了解生命與愛的人。

——讀者J.S.

．原本我不相信來生，直到我四十九歲的妻子在去世前有了一個預感，那次事件深深地影響了我，使我從此信服關於來生的確存在的說法。亞歷山大醫生是位出色的作家，對於細節的描述不僅令人震撼，且不諱言他無法完整描繪自己所見、所感、所聞……是多麼異常地美麗，而諸如此類，更讓本書值得一讀！——讀者N.K.

．在失去三十六歲、因大腦腫瘤過世的女兒後，我不停搜尋關於來生的相關證明。這本書讓我更確定自己對於天堂的信仰，尤其作者本身具有科學專家背景，讓我更加堅信它的真實。在亞歷山大醫師生病期間，他的家人始終陪伴著他，這點也讓我深愛不已。我喜歡關於這本書的所有一切。

——讀者C

．我三十六歲時也有過瀕死體驗，當時根本不敢與其他人分享，因為害怕大家會以為我瘋了，但我可以證明這些經歷非常真實。在我七歲時，爺爺過世了，當時我站立在飄雪的路上，往下看著自己的身體，我不明白到底發生了什麼事，直到爺爺將他的手放在我肩上，並歡迎我……伊本·亞歷山大這本書，讓我更加確信自己曾親身經歷過的。

——讀者 A.H.

·這本好書簡直讓我愛不釋手！它讓我確信之前有過昏迷經驗的朋友所告訴我的一些事情，幾乎與伊本·亞歷山大的經歷相同……這樣的真實故事相當激勵人心！我從不害怕死亡，但這本書所描述的經歷，讓我更確信不需要有理由去害怕面對。

——讀者 Le B.

·原本我對瀕死體驗並不特別感興趣，然而我的牙醫——一位非常正直誠實的男性——告訴我關於這位美國神經外科醫師的經歷，以及看過他的訪談之後，我想，這個人給了我一個新的展望。

——讀者 Cath W.

·我在被雲朵環繞的飛機上讀這本書。在我兒子去年自殺之後，我便嘗試閱讀一些書，幫助自己相信他現在到了一個好地方。

——讀者 Mn

contents

前言
改變我一生的事件

小時候，我經常夢到飛翔。大部分的夢境，都是我站在庭院仰望星空，在無預警的情況下，整個人慢慢往上飄。一開始，我是自然往上飄；但我很快發現，隨著高度增加，前進的速度快慢越取決於我怎麼做。如果過度興奮，被這樣的經驗沖昏頭，我很快就會……重重地摔回地面；但只要夠冷靜、處之泰然，便可漸漸加快速度，直上星空。

或許就是這些夢境，使我在年紀稍長後，愛上了飛機與火箭——任何能帶我進入天上的東西我都喜歡。每次跟家人一起搭飛機，從起飛到降落，我的臉總是緊緊貼在窗戶上。還記得十四歲那年，我去學飛滑翔翼，當拉起把手，解開與拖曳飛機間的繩索後，滑翔翼在草坪上滑行時，胸腔中心臟的衝擊感。那是我第一次真正感到獨存與自由。我的許多朋友，都是在駕車過程中得到這種感覺，但對我而言，在一千英尺的高空駕駛滑翔翼，其刺激程度遠比駕車多上百倍。

大學時期，我加入北卡羅萊納大學的高空跳傘社，當時覺得自己像是加入了秘密兄弟會，跟一群知道某種特別且神奇事物的人在一起。第一次跳傘時，我心裡害怕極了，第二次更是嚇得半死；但在第十二次跳傘時，當我跨出機門，從空中落下一千英尺後才打開降落傘（我的第一次「延遲十秒」），我知道自己找到家了。大學時代的我，跳傘次數高達三百六十五次，處於自由落體狀態的時間超過三個半小時，幾乎是二十五名跳傘夥伴加起來的紀錄。雖然後來我停止了跳傘活動，還是很享受栩栩如生的跳傘夢境，這樣的夢向來令我感到愉快。

傍晚時分，夕陽緩緩沉落水平線時，那是最佳的跳傘時刻。我很難形容那時候跳傘所帶來的感覺：是一種無以言喻、很靠近某種東西的感覺，但我知道自己還想要更多。不過那種感覺絕對不寂寞，因為我們不會單獨跳傘。每次跳傘通常會有五、六個人，有時甚至是十人、十二人一起跳，形成一排自由落體的陣仗。挑戰難度越高，感覺越棒。

大學三年級時，某個美麗的秋日週末，我和北卡羅萊納大學的跳傘隊員，以及北卡東部幾個愛好跳傘的朋友，相約一起去跳傘。當天跳傘時，我們由一萬零五百英尺的高度一躍而下，形成十片人型雪花。在落下七千英尺之前，我們是一支完整的隊伍，享受著整整十八秒在兩大片積雲的縫隙間飛翔，並在距離地面三千五百英尺時，各自打開降落傘。

降落地面時，太陽也漸漸下山了。不過我們還是加快腳步上飛機，迅速起飛，打算趁著落日餘暉，進行第二回跳傘。我們準備進行六人星形跳傘，而我是最後一個跳下的。在我正前方的男子叫做查克，他在「造型跳傘」（簡稱RW）——意指設計自由落體跳傘特技——的經驗十分豐富。我們還在七千五百英尺的高度享受夕陽之際，下方一點五英里處的街燈紛紛亮起。傍晚時分跳傘所看到的景色，往往出奇的美麗。

雖然我跳下的時間比查克慢不到一秒鐘，我還是得加快速度趕上其他人。前面七秒，我直速向下俯衝。照這種降落速度，我每小時可以比其他隊員快上一百英里，所以在其他人形成初步隊形時，我便能立刻加入。正常的造型跳傘程序是在三千五百英尺高度時，所有的跳傘者必須分開，與其他人拉開最大距離。接著每個人都得「揮舞」雙臂（表示準備打開降落傘），並且抬頭確認上方無人，最後拉下開傘索。

「三、二、一……跳！」

迅速加入隊形後，我原本打算展開雙臂，拉住操控繩（我們從手腕到臀部間裝有布料翅膀，能有效緩衝在高速狀態開傘的衝擊力），希望能讓跳傘裝的喇叭袖與褲管在空中飄揚。

但我沒機會這麼做。

筆直落入隊伍後，我看到其中一名新手降落的速度過快。或許是因為急速落入周圍的雲層裡，導致他有點受到驚嚇─這提醒了他，他正以每秒兩百英尺的速度下墜，而且還一度被雲層包圍。

他不但無法減速從隊伍邊緣加入，反倒高速衝入行列，撞開了大家，造成其他五名跳傘者此刻在空中失控翻滾。

而且大家的距離更近了。通常跳傘者後方會形成低氣壓的大亂流，若此刻有人陷入其後，則會立刻加速，撞上下方的人。結果會造成兩名跳傘者同時加速，再度撞上可能在下方的其他人。簡單來說，這就是場大災難。

我調整身體角度，避開眾人，也避免在空中繼續翻滾。我一直調整位置，直至落入「正確位置」，也就是看到地面上某個神奇的點後，便可準備打開降落傘，享受兩分鐘從空中緩緩飄落的時光。

我環顧四周，很慶幸看到其他失控的跳傘者，此時也紛紛拉開距離，避開了一場災難。

查克也在眾人上方。但出乎我意料的是，他正朝我的方向直直而來，而且就停在我的正下方。因為一陣翻滾，大家通過兩千英尺高度的速度比查克預期還快。或許他覺得自己很慶幸，在那種情況下不需遵循任何規則—沒錯，就是這樣。

他肯定沒看到我。我還來不及細想這念頭，查克色彩繽紛的導傘已經從背包中迸開。他的導傘緩衝了周圍每小時一百二十英里的風速，並直接朝我射出，主傘隨後跟著拉開。

打從我看到查克的導傘射出瞬間，我能反應的時間不到一秒。要被展開的主傘打到也不需一秒的時間，而且很有可能，接下來會撞上查克。在那種速度下，如果我撞上了他的手或腳，我只能聽天由命；但如果我直接撞上他，那我們兩人可能都會粉身碎骨。

有人說，在這種情況下，眼前景象的移動速度會變得非常緩慢，這話一點都不錯。當下的我，就是以微秒的速度看著眼前發生的動作，就像看著慢動作電影一樣。

當我看到導傘的一瞬間，我的雙臂擺至兩側，而在拉直身體、頭部朝下直落的同時，稍稍弓起臀部。這樣的垂直性能加快速度，而弓起的弧度能讓身體從無到有、逐漸產生水平力量，身體變成一個有效的翅膀，引導我迅速穿過前方查克展開的彩色降落傘。

我以每小時一百五十英里、每秒兩百二十英尺的速度穿過他身邊。在這種速度下，我很懷疑他是否能看清楚我的臉部表情。如果他看到了，肯定會發現我滿臉驚嚇的模樣。不知怎麼地，在這種情況下，我是以微秒的速度產生反應，竟然有時間去思考該如何處理當下的複雜情況。

而且……我真的解決了問題，兩人都平安降落。那感覺就像是，在比平常更需要反應能力的情況下，大腦在一瞬間獲得超能力。

然而大腦是怎麼辦到的？在我過去二十餘年、投入神經外科研究的職業生涯中——研究大腦、觀察其運作方式，以及進行大腦手術——我有無數的機會能好好探討這個問題。

我得到的結論是，大腦真是個神奇的器官：超乎想像的神奇。

我現在知道，這個問題的真正答案其實更奧妙。但我必須先徹底改變對生命的態度，以及我的世界觀，才能一窺答案的真實面貌。本書即在描述徹底改變我心中想法的事件。這些事件讓我相信，當查克的導傘彈出的瞬間，即便神奇如大腦，但真正採取反應行動拯救我的，並非大腦，是更深層的自己。那部分的我之所以能迅速反應，是因為不受時間影響，跟大腦與身體的反應方式大不相同。

事實上，就是這一部分的我，讓我覺得自己像個孩子一樣，渴望回到天空。這不僅是最聰明的我，也是存在於最深處的自己，只是在過去大部分的人生中，我不願意去接受與相信罷了。

但我現在相信了，而接下來，我要告訴你為什麼。

我是神經外科醫生

我在杜克大學醫學院取得醫生資格。在醫學院的十一年間，加上在麻省總院、杜克大學與哈佛大學附屬醫院擔任住院醫師的訓練期間，我專攻神經內分泌學，研究神經系統與內分泌系統的互動方式。在這十一年裡，其中有兩年的時間，我致力於研究動脈瘤出血時，大腦血管的病理反應方式，即所謂的腦血管痙攣症狀。

在英國新堡大學完成腦血管神經外科研究後，我在哈佛醫學院擔任外科醫學助理教授長達十五年，專長為神經外科。這些年間，我曾為無數的病患開刀，其中許多都是相當嚴重、面臨生死交關的大腦病症。

我的研究領域大多與發展先進技術過程有關，以立體定位放射手術為例，該項技術有助於外科醫生使用放射線，在治療中精確對準顱內病灶，且不會影響周圍的大腦區域。我也曾協助發展以核磁造影導引神經外科手術過程，有助於修復棘手的大腦症狀，如腫瘤或血管病變。在這些年裡，我也曾單獨或與他人合作，在需經過同儕審核的醫學期刊中，共同發表超過一百五十篇以上的文章或論文，並且在世界各地的醫學會議中，發表過兩百場以上的研究報告。

簡言之，我畢生奉獻給科學。使用現代醫學設備來幫助及治癒患者，並且不斷學習有關人類身體與大腦的新知，都曾是我一生的志業。我曾認為，自己是無比幸運，才得以投身其中。更重要的是，我有一個美麗的太太與兩個可愛的孩子，而且熱愛工作的同時，我也沒有忽略家庭。我始終認為，家庭是我生命中最大的恩賜。從許多方面來看，我知道，我是個非常幸運的男人。

然而，二〇〇八年十一月十日那天，五十四歲的我，好運似乎用盡了。我罹患一種罕見疾病，陷入昏迷長達七日。在這段期間，我的大腦新皮質，主管人之所以為人的一切行為之處，全面失效了。我完全失去活動力，基本上，形同不存在。

當你的大腦不存在時，你也跟著消失了。身為神經外科醫生，多年來我聽過許多患者的奇特經歷，通常都是發生在心跳停止之後：包括到神奇而謎樣的地方旅行，或是與過世的親友交談，甚至是遇見神。

無疑地，這些事情聽起來都很神奇。而所有事情在我看來，純粹只是幻想。但為什麼這類的說法卻又層出不窮呢？我不敢說自己清楚原因，但我相信，所有的意識一定都與大腦有關。如果大腦不工作，你就不可能有意識。

因為大腦是製造意識的第一線機器。機器壞了，意識也隨即停止。雖然大腦運作過程複雜且神秘，但本質上其實很簡單，就跟看電視一樣，不管你多愛看哪個節目，一旦拔掉插頭，電視關了，節目也沒了。

不過，這是在我大腦停止運作前的想法。

在昏迷期間，我的大腦不是無法正常運作，而是根本無法運作。我現在相信自己所經歷的，可能就是所謂的瀕死體驗。許多關於瀕死體驗的現象，都是發生在一個人心跳停止一段時間之後。在這些情況下，大腦新皮質的功能也會暫時失效，但普遍還未受到嚴重破壞，因此只要在四分鐘內，透過心肺復甦術或重新活化心臟功能，便能重新導入含氧血。但我的情況與大腦新皮質功能毫不相干。我所經歷的，是一個真實存在的意識世界，在那個世界中，我的人腦完全不受任何限制。

我的經歷就某種程度上來說，也是個不錯的瀕死體驗故事。身為一名專業的神經外科醫生，具有數十年的研究經驗與在手術室裡的實務背景，我不只比一般人更善於判斷現實情況，也知道發生在自己身上的事情，究竟有何意義。

這些事情的意義之重大，很難以言語描述、形容。我的經驗告訴自己，身體與大腦的死亡並非意識的結束，即便人入了土，意識經驗還是持續著。更重要的是，這一切都是在神的注視下進行，神關愛、照顧著每一個人，也關心宇宙中所有生命終將走向何處。

我去過的那個地方是真實的，與那個世界的真實性相較，我們現在的生活完全就像一場夢。然而，這不代表我不珍惜此刻的生活。事實上，我比以前更珍惜現在的一切。我之所以如此，是因為看透了生命的本質。

我們此生的生命並非毫無意義，只是因為站在這個角度，我們無法看清真相，至少大部分的時間是如此。在我昏迷期間發生的事情，應該是我這輩子說過最重要、但也最難以說清的事情，畢竟事情的發展超出一般人的理解範圍。我不是逕自站出來、說出一切就算了。因為同時間，我的結論也是基於醫學分析、基於我對最新的大腦科學與意識研究所知。當我了解到這趟旅途背後真正的意義時，我知道我必須說出一切。想辦法適切說明這段經歷，已經成為我此生中最主要的任務。

這並非表示我將醫學工作與神經外科醫生的職業生涯拋諸腦後。而是我認為，既然我有幸了解到，原來生命並非隨著身體或大腦的死亡而結束，那我便有責任，將所看到人世間以外的世界模樣，公諸於世。我尤其想與之前聽過類似故事、想相信卻又不敢完全相信的人，一同分享我的經驗。

因為有許多這樣的人，我想我必須將這段經歷化為文字，以書本形式呈獻給大家。接下來我要說的故事，其重要性不亞於任何事情，而且，一切都是真的。

1. 睡夢中疼痛感襲來

我倏地睜開眼睛，臥室裡一片漆黑。轉頭注視床頭邊的時鐘，亮紅色的數字顯示著：4:30——凌晨四點半，比我平時起床、準備上班的時間還早一個小時。我在維吉尼亞州林奇堡的「聚焦超音波外科醫學基金會」工作；從家裡到公司，開車約需七十分鐘。妻子荷莉，此刻正熟睡在我身邊。

我躺在床上，迷迷糊糊地想釐清自己為何醒來。前一天星期日，是個晴朗無雲、帶著些許涼意的好天氣。荷莉、小兒子（當時十歲）和我一起到鄰居家烤肉。當天晚上，我們還跟大兒子（當時二十歲）通電話，他是德拉瓦大學的大三生。若真要說當天有什麼問題，應該就是我們三人還因為前一週輕微的呼吸道感染尚未復原。在就寢前，我的背部開始隱隱作痛，所以我趕緊泡個熱水澡，當下看似稍稍緩和了不適。我想自己這麼早就醒來，是不是因為病毒還潛伏在體內。

我躺在床上，微微翻身，脊椎傳來一陣刺痛——遠比前一晚還痛。顯然感冒病毒依舊存在，還沒完全消失。隨著我越清醒，疼痛感也越明顯。既然無法再度入睡，離準備上班還有一個小時，我決定再泡一次熱水澡。

我從床上坐起，將雙腳移至地面，接著起身。頓時疼痛感再次迅速來襲，脊椎底部隱約傳來一陣刺痛。為了不吵醒荷莉，讓她繼續睡，我躡手躡腳穿過走道，走到浴室。

在浴缸中放了水，我進去泡澡，心想這熱水應該能立刻舒緩疼痛。但我錯了。當浴缸的水才放滿一半，我就知道自己做錯了。除了疼痛加劇之外，我還意識到這痛楚，痛到足以使我放聲大叫，很想喊荷莉來把我拉出浴缸。

光想到事情失控的場景，我趕緊伸手抓取懸掛在浴缸上方架上的浴巾。我將浴巾鉤住掛架邊緣，一來不至於導致掛鉤鬆脫，二來也可藉此使力把自己拉站起來。

另一波的疼痛襲來，痛到不禁讓我倒抽一口氣。這肯定與感冒病毒無關，但為什麼會這麼痛？我從濕滑的浴缸踉蹌爬出，套上緋紅色的厚棉織浴袍，慢慢走回臥室，癱在床上。我的身體再度因冷汗而濕透了。

荷莉被我吵醒，轉過身來。

「怎麼了？現在幾點？」

「我不知道，」我回答，「我的背……我的背很痛。」

荷莉幫我揉背，出乎意料地感覺竟然好多了。大部分的醫生，包括我自己在內，看到這種情況，應該都不會認為我生病了。有一度，我深信這個疼痛，不管起因為何，早晚都會消失。到了早上六點半，通常是我準備出門上班的時間，我還是感覺很痛，而且幾乎痛到快癱過去了。

七點半，小兒子進來我們房間，一臉好奇地想知道為什麼我還在家。

「發生什麼事情了？」

「親愛的，你爸爸身體不舒服。」荷莉回答。

我還躺在床上，頭下墊著一顆枕頭。兒子靠近我身邊，伸出手，輕輕地幫我按摩兩側的太陽穴。

他的觸摸彷彿為我的頭部帶來一道閃電，也讓原本的疼痛加劇。我大叫了一聲。孩子被我的反應嚇到，迅速跳起往後退。

「沒關係……」荷莉告訴小兒子。她嘴上說沒關係，心裡卻不這麼想。

「跟你無關，是爸爸自己頭很痛。」接著我聽到她說：「我在想是不是該叫救護車。」在我聽來，她比較像在跟自己對話，而不是問我的意見。

身為醫生，如果要說有什麼比生病更討厭的事情，應該莫過於是躺在急診室裡當病人吧。我想像屋子裡滿是救護員的畫面，他們會詢問一堆問題，還有送醫的過程，以及到院後的一堆文件作業……光想到這些就覺得自己好一點了。而且到時搞不好還會後悔，為什麼一開始要打電話叫救護車。

「不用，沒關係，」我說，「雖然現在很痛，不過很快就沒事了。妳趕快準備一下，送孩子上學。」

「親愛的，我真的覺得……」

「沒事的，」我打斷她的話，臉卻依然埋在枕頭裡，因為疼痛而動彈不得。「我說真的，千萬不要打電話叫救護車。我的情況沒那麼糟，不過是下背部肌肉抽筋，加上頭痛罷了。」

荷莉雖然不情願，當下也只好先帶孩子去客廳，幫他準備早餐，然後送到對街朋友家中，搭便車去學校。就在孩子出門的那一刻，我心中閃過一個念頭，心想如果身體情況惡化，我今天真的得去醫院的話，那他下午放學回家後，我可能暫時見不到他了。想到這裡，我用盡全身力氣，以低沉沙啞的聲音告訴他：「兒子，上學愉快。」

當荷莉再度進房間確認我的狀況時，我幾近陷入無意識狀態。但她以為我在打盹兒，便讓我在房間繼續休息，她則去打電話給我的幾位同事，希望能徵詢多方意見，想知道接下來可能會發生什麼事。

兩個小時後，她覺得我應該休息夠了，便再次進房察看我的狀況。推開臥室門後，她看到我的姿勢沒變，但近看後，發現我的身體不像剛才那樣柔軟，變得跟木板一樣僵硬。她打開燈，發現我嚴重抽搐，下顎以不自然的方式向前凸出；我睜開眼睛，卻翻了白眼。

「伊本，你說話啊！」荷莉放聲尖叫。看到我毫無反應，她連忙打電話叫救護車。救護員在十分鐘內抵達，迅速將我抬上救護車，送到林奇堡總醫院的急診室。

如果當時我意識清醒，就能告訴荷莉，她跟上救護車陪我前往醫院的途中，在那段驚恐時刻裡，我究竟經歷了什麼事情——肯定的是，那時我處於重症癲癇狀態，而某種東西正嚴重威脅著我的大腦。

但在當下，我當然辦不到。

接下來的七天，我只有身體是跟荷莉與家人在一起。在那七天中，關於這個世界的一切，我完全沒有任何印象；昏迷過程中發生的事情，都是事後從旁人口中拼湊而來的。我的心智、我的靈魂——不管你要怎麼稱它，總之就是身為人類不可或缺的核心要件——消失了。

2. 我的幸福家庭

二〇〇六年——在大波士頓地區投入神經外科研究近二十年後——我決定舉家搬遷到維吉尼亞州的高地區。我和荷莉在一九七七年十月相遇，當時我們大學畢業兩年，她正在攻讀藝術碩士，而我則是醫學院學生。她曾跟我的大學室友出去約會過幾次。有一天，我室友帶她回來，介紹我們認識。在他們離開時，我告訴荷莉，歡迎她隨時過來坐坐，我還順便補上一句，就算我室友不在時也歡迎她來。

我們第一次正式約會，是開車到北卡羅萊納州的夏洛特參加派對，來回車程各約兩個半小時。荷莉因為喉嚨發炎，所以在車上有百分之九十九的時間都是我在講話，但這對我來說一點也不成問題。一九八〇年六月，我們在北卡溫莎的教堂結婚，隨後搬到德倫市的皇家橡木公寓。當時我在杜克大學醫院擔任外科住院醫師。雖說是住在皇家橡木公寓，但我們的住處一點也沒有皇家的氣派豪華，我也不記得曾在哪裡看到橡木。那時我們的存款雖然不多，但是兩人生活忙碌而充實，也因為可以在一起而感到快樂，所以對外在物質條件就不太在意了。

我們第一次度假，是某個春天在北卡羅萊納州的海灘上露營。春天是當地蠓蟲（會咬人）出沒的季節；雖然我們準備的帳篷無法有效防蟲入侵，但還是玩得很開心。某個午後，我們在奧克拉科克海邊游泳時，我想到一個方法，成功捕捉到許多從腳邊竄過的藍殼蟹，後來還把抓到的螃蟹帶回，跟住在馬島旅館的朋友們一起烤來吃。可以跟大家分享的事情還很多。雖然我們生活盡量簡單，但沒多久後，手頭的現金還是陷入捉襟見肘的情況。

有天晚上，我們跟好友比利夫婦在一起，我們一時興起，決定陪他們參加賓果之夜。過去十年來，比利每個夏天的星期四晚上都會參加這個活動，但從沒贏過。那晚，荷莉第一次玩賓果遊戲。也許是初學者的幸運，也或者是命運之神的眷顧，當晚她贏了兩百美元——對我們而言，這筆數字跟五千美元一樣多。因為有了這筆現金，我們得以延長旅行，日子也更輕鬆愜意。

我在一九八〇年時取得醫生資格。同年，荷莉也拿到她的學位，展開職業生涯，同時兼具藝術家與教師兩種身分。隔年，我在杜克首次獨立完成大腦手術。七年後，我們的第一個孩子伊本四世，在北英格蘭新堡出生，那時我正在當地醫院進行腦血管研究交流；而我們的小兒子邦德則在一九九八年，出生於波士頓。

在哈佛醫學院與波士頓布禮根婦女醫院的十五年，是我難以忘懷的時光。我們一家人都很珍惜住在大波士頓地區的日子。後來，荷莉和我一致認為，該是搬回南方的時候了。我們希望能與其他家人在一起，而且在我看來，往南發展的話，工作上應該也會有比待在哈佛更高的自主權。因此，二〇〇六年春天，我們在維吉尼亞州的高地——林奇堡，展開新生活。我們很快就適應了南方悠閒的生活方式，畢竟那裡是我們成長的地方。

3. 大腦遭細菌嚴重攻擊

林奇堡總醫院的急診室，是維吉尼亞州第二忙碌的急診室，平常日上午九點半，急診室通常已經人滿為患。那個星期一的早晨也不例外。雖然我大部分的時間都在另一個院區工作，但也有不少時間是待在林奇堡總醫院執刀，所以這裡的醫護人員，我大部分都認識。

蘿拉．波特是急診室的醫生，我認識她將近兩年，在工作上也有密切互動；她接到救護車傳來的消息說，即將送達急診室的患者，是一名五十四歲男子，處於癲癇重積狀態。就在趕往救護車車門前時，她查看手中清單，檢視可能誘發病因的因素：酒精戒斷症候群、藥物過量、低血鈉症（血液中鈉含量異常過低）、中風、轉移性或原發性大腦腫瘤、顱內出血（大腦內部出血）、腦膿瘍……以及腦膜炎。如果今天換成我是她，我也會這麼做。

救護員把我推入急診室中的重症區時，我仍然呈現嚴重抽搐狀態，伴隨著間歇性的呻吟聲，且不停地揮動四肢。

波特醫生從我胡言亂語和痛苦掙扎的方式就看得出來，我的大腦很明顯正遭受嚴重攻擊。一名護士推來了備藥急救推車，另一名護士負責抽血，接著第三名護士換下已經滴完的靜脈注射袋，那是救護員在我家、把我推上救護車之前所注射的。就在他們忙著處理我的時候，我就像隻六呎長、剛被從水中拖出的大魚，不斷在病床上掙扎蠕動。我發出含糊、意識不清的聲音，聽起來又像是動物的哭聲。對蘿拉而言，麻煩的不只是得控制我，她還發現，我的身體動作控制能力呈現不對稱狀態，那可能意謂著，我的大腦不僅正遭受攻擊，甚至可能已經造成嚴重且無法挽回的傷害了。

雖然眼前景象駭人，但蘿拉在急診室多年的經驗，看到病患如此，她也早就習以為常。然而，這卻是她第一次看到自己的醫生同事被這樣送到急診室，就在她往前靠近、看到在醫療床上扭曲嘶吼的患者時，她喃喃地脫口而出：「伊本。」

接著，她放大音量，告訴周遭的醫生及護士們說：「是伊本．亞歷山大。」附近的醫護人員聽到她的聲音，紛紛聚集到我的擔架旁邊。跟著救護車一起過來的荷莉加入人群，而蘿拉則熟練地詢問例行性問題，釐清導致這一狀況的可能因素。我是否正處於戒酒狀態？最近是否有注射或吸食毒品及迷幻藥？接下來她試著舒緩我的疼痛。

最近幾個月，伊本四世一直想辦法加強我的體能，因為我們父子倆計畫一起攀登位在厄瓜多爾、一萬九千三百英尺高的科托帕希火山，伊本四世去年二月已經登頂過一次了。因為這個計畫，我變得更有力氣，也增加護理人員制伏我的難度。經過五分鐘，在十五毫克的靜脈鎮定劑發揮作用後，儘管我依舊神智不清、試圖揮打身邊的人，但至少波特醫生可以稍稍鬆口氣，因為當下我只剩下拍打自己身體兩側的力氣了。荷莉告訴蘿拉，今早在我發生抽搐之前，曾有過嚴重頭痛的現象。因為這個訊息，波特醫生決定對我採取腰椎穿刺，從脊椎底部抽取少量的腦脊髓液。

腦脊髓液是一種存在於脊髓與大腦表面的無色透明液體，其功能在於保護大腦減少損傷。一個正常、健康的人體，每天可以製造一品脫的腦脊髓液，如果它的清澈度出現異狀，則代表該人體出現感染或出血現象。

上述提到的感染現象，就是所謂的腦膜炎：意指腦膜腫脹，也就是脊椎與頭顱的內膜與腦脊髓液有直接接觸。平均每五個腦膜炎案例中，有四起案例是因為病毒感染所致。病毒性腦膜炎會造成患者極度不適，但致死率僅約百分之一。而腦膜炎中，有五分之一的機率是由細菌所造成。細菌生存在地球上的時間，比病毒來得久遠，因此也更加危險。如果是細菌性腦膜炎，若未接受適當治療，幾乎難逃一死。

就算迅速接受適當的抗生素治療，其死亡率依然介於百分之十五至四十之間。

在成人的細菌性腦膜炎中，有個罕見的情況，是由一種非常古老且棘手的細菌所引起，該細菌稱為大腸桿菌，英文簡稱E. coli。沒有人知道大腸桿菌究竟存在多久，但估計至少有三、四百萬年。這個有機體並無細胞核，透過最原始的二分裂法（換句話說，就是一分為二）進行無性繁殖，且其過程相當有效率。想像有個細胞，裡面充滿了DNA，可以使其直接透過細胞壁吸取養分（通常是吸取被其攻擊的細胞之養分）。接著再想像，它可以同時複製數串的DNA，每隔二十分鐘便能分裂出兩個子細胞。在一個小時內，你便有了八個相同的細胞。在十二小時內，變成六十九億個細胞。到了十五個小時，就有三十五兆個細胞。這種爆炸性的成長方式，唯有在食物出現短缺時才會減緩其生長速度。

大腸桿菌也是相當複雜的菌種。它會利用細菌接合的過程，與其他菌種交換基因，使其細胞在必要時迅速產生新的特性（例如對新的抗生素產生抗藥性）。就是這種簡單的方式，讓大腸桿菌能從地球早期僅有單細胞生物生存的年代一直存活至今。人體內也有大腸桿菌，大多是存在於腸胃道之中，在一般的情況下，對人體不會構成威脅。但是當大腸桿菌吸收到其他菌種的DNA，使其具有攻擊能力，足以侵略大腦與脊髓周圍的腦脊髓液時，這原始的菌種便會迅速吞噬腦脊髓液中的葡萄糖，以及任何可吃的東西，包括大腦在內。

當時在急診室裡，沒人料想到我是感染大腸桿菌腦膜炎，畢竟他們也沒有理由如此懷疑。這種疾病好發於三個月以下的新生兒，三個月以上的嬰兒感染機率都不常見了，更何況是成人。在一千萬名成人中，每年可能不到一個人會感染這種病毒。

若是細菌性腦膜炎，細菌首先會攻擊大腦外層，也就是所謂的大腦皮質。大腦皮質一詞是由拉丁文演變而來，意為「外皮」或「樹皮」。柳丁就是最好的例子，請想像一顆柳丁，它包覆果肉的外皮，就有如大腦皮質包覆大腦主要區域一樣。大腦皮質主要負責的功能包括記憶、語言、情緒、視覺、聽覺與邏輯概念。因此，若有像大腸桿菌這類的有機體攻擊大腦時，首當其衝的便是上述人類特質中最重要的功能。許多感染細菌性腦膜炎的患者，通常在染病不久後便宣告不治。至於像我這樣，因為神經功能急速下降而被送進急診室的人，幸運的話，存活率約為百分之十。然而，縱使倖存，許多人終其一生也成了植物人。

雖然波特醫生一開始並未懷疑是大腸桿菌腦膜炎，但她懷疑我的大腦可能受到某種感染，因此決定採取腰椎穿刺。就在她請護士將腰椎穿刺工具盤取來、準備讓我接受穿刺的過程中，我的身體突然劇烈彈起，彷彿醫療床通電似的。這股突如其來的力量，讓原本已經疼痛不堪的我，發出長而痛苦的呻吟聲，並且弓起背部，雙臂在空中揮舞。我滿臉通紅，脖子青筋浮現。波特醫生喊著要多一點人過來幫忙，剎那間，兩個、四個，最後來了六個醫護人員聯手壓制我，才能順利進行腰椎穿刺。在波特醫生幫我施打鎮靜劑的同時，眾人合力讓我的身體蜷曲成胎兒在母體內的姿勢。最後，我終於安靜下來，他們才得以順利從脊椎底部進行穿刺。

遭受細菌攻擊時，身體會迅速進入防禦模式，從脾臟與骨髓送出白血球大軍，抵禦、對抗入侵者。只要有外來的生物病原體侵入人體，白血球便是大規模細胞戰爭中的第一線戰士；而波特醫生心裡清楚，如果我的腦脊髓液出現混濁情況，則必定是白血球出了問題。

波特醫生彎下腰，注視著壓力計，我的腦脊髓液不久後就會出現在那根透明筆直的管子內。波特醫生在第一時間感到十分驚訝，因為我的腦脊髓液不是滴出來，而是噴出來——因為致命的高血壓。

接下來，腦脊髓液的清澈度又讓她嚇了一跳，呈現不透明的腦脊髓液代表我的麻煩大了。注入壓力計中的液體呈現白色黏稠狀，還帶著一絲的青色。

我的腦脊髓液中全是膿水。

4. 最後喊出的一句話

波特醫生找來林奇堡總醫院的同事、同時也是感染性疾病專家——羅伯特・布里南醫生。在等待隔壁檢驗室送回檢查結果的同時，他們也思考了各種可能性與治療方式。

時間一分一秒地過去，檢查報告出來時，我還是不斷呻吟著，即便被綁在醫療床上，我還是不停蠕動著。檢查報告上的照片顯示情況更棘手了。革蘭氏染色法（一種化學檢測方式，以發明此方法的丹麥醫生命名，此一檢測方式能幫助醫生分辨入侵人體的細菌是革蘭氏陰性菌或革蘭氏陽性菌）的檢測結果顯示，是十分罕見的革蘭氏陰性桿菌。

同時，腦部電腦斷層掃瞄結果顯示，我的大腦內膜嚴重發炎腫脹。當下我必須接受插管，藉由機器維持呼吸——準確來說，是一分鐘呼吸十二次，在我的床邊則有一排螢幕，記錄身體內部細胞的一舉一動，並且密切觀察我那看似完整、卻即將被侵蝕殆盡的大腦。

在每年少數自然感染大腸桿菌腦膜炎的患者中（也就是並非因為大腦手術或頭部創傷所引發的感染），大部分都有明確的因素，例如免疫系統異常（往往是因為人體免疫缺損病毒或愛滋病）。但因為我沒有上述情況，因此也不會有人想到我是感染大腸桿菌腦膜炎。其他細菌可能經由鼻竇或中耳侵入人體，造成腦膜炎，但不包括大腸桿菌在內。至於腦脊髓本身與身體其他部位有適當的隔離，基本上要受到細菌感染的機率近乎零。除非是脊椎或頭骨遭到穿刺（例如神經外科醫生使用受污染的腦深層刺激器或引流管），否則像大腸桿菌這種存在於腸中的細菌，根本沒有機會侵入腦脊髓之中。我曾替許多患者安裝過腦深層刺激器或引流管，所以如果我當時可以和這群束手無策的醫生們討論病情的話，簡單來說，我也會同意自己感染了一種不可能發生在自己身上的疾病。

看著檢查結果，有兩名醫生還無法相信擺在眼前的證據，希望尋求其他醫學研究中心的感染性疾病專家一同會診。大家一致認為結果只有一種可能性。

但憑空出現的大腸桿菌腦膜炎，還不是我第一天被送進醫院後發生的唯一一件怪事。經過整整兩小時的鬼吼鬼叫，在被推出急診室的前一刻，我突然安靜下來。

接著，不知怎麼地，我喊出一句話，在場所有醫護人員，以及隔著簾子、離我僅有幾步之遙的荷莉也都清清楚楚聽見我說的每一個字。

「上帝，救救我！」

大家全部衝到病床旁。當大家圍過來時，我已經毫無反應了。

我對自己在急診室所發生的一切絲毫沒有印象，包括自己最後喊出的那句話。

但那也是我在接下來七天中，說過的最後一句話。

5. 親友都趕來醫院

被送入重症區後，我的情況持續惡化。一般健康人每一百毫升的腦脊髓液中，約有八十毫克的葡萄糖；至於感染細菌性腦膜炎、隨時都有生命危險的重症患者，其每一百毫升的腦脊髓液中，可能僅有二十毫克。

而我的腦脊髓液中的葡萄糖指數只有一。昏迷指數為八（格拉斯哥昏迷指數滿分為十五），顯示大腦嚴重受損，在接下來幾天中，情況持續惡化。急診室幫我做的急性生理及慢性健康評值為十八（滿分為七十一），顯示我在住院治療期間的死亡率為百分之三十。更準確來說，由於我的檢查結果呈現急性的革蘭氏陰性菌腦膜炎，且神經功能迅速惡化，被送進急診室的我，在最好的情況下，也只有百分之十的存活率。如果抗生素沒有發揮作用，接下來幾天內，死亡機率會持續增加一直到機率變成百分之百、無法挽回為止。

醫生幫我施打三劑藥性強烈的靜脈抗生素，接著把我送進新家：一間個人的大房間，是加護病房區，就在急診室樓上。

身為外科醫生的我，以前時常進出加護病房檢查病患。會住在加護病房的患者，幾乎都是瀕臨死亡邊緣的重症患者，所以醫護人員可以同時兼顧多名患者。但是像現在，有一組醫護人員攜手合作，要救回集各種奇怪症狀於一身的我，這也算是難得一見的畫面。以往在加護病房進出時，我的心情總是夾雜著無比的榮耀與殘酷的沮喪，心情的起伏完全取決於手中盡力搶救的病人，最後到底是撐過去，還是生命從此在自己的指尖消逝。

在這種情況下，布里南醫生與其他醫生都跟荷莉一樣，希望對我的病情保持樂觀態度，但現實卻不允許他們如此。現實的情況是，我短時間之內死亡的機率很高。就算沒死，我的大腦皮質可能也早已被入侵的細菌侵蝕殆盡，大腦也無法再進行任何精密運作。我昏迷的時間越長，下半輩子變成植物人的機率也越高。

幸運的是，除了林奇堡總醫院的同事外，其他親友也紛紛趕到醫院幫忙。在荷莉抵達醫院一小時後，麥克爾・蘇利文也趕來了，他是聖公會的教區牧師，也是我們的鄰居。就在荷莉衝出門跟上救護車時，她的手機響起，是她的多年好友希薇亞・懷特。希薇亞有種不可思議的能力，總能在重大事件發生的第一時間，準確得知消息。荷莉認為她有通靈能力（我則傾向選擇較為合理的解釋方式，就是她善於猜測罷了）。荷莉簡短告訴希薇亞事情發生的經過，並且打電話通知我的至親：住在附近的妹妹貝西和住在波士頓、四十八歲的小妹菲莉絲，以及大姊珍。

那個星期一早晨，珍從位在德拉瓦州的家，一路開車南下，穿越維吉尼亞州。巧的是，當時她正準備到溫斯頓—塞勒姆去幫忙母親。珍的手機響了，是她的先生大衛來電。

「妳過了里奇蒙沒？」他問。

「還沒，」珍回答，「我還在九十五號州際公路的北邊。」

「那妳改走六十號公路往西的方向，接二十四號公路到林奇堡。荷莉剛打電話來說，伊本被送到急診室了。他今天早上發生痙攣，現在已經沒反應了。」

「天啊！知道是為什麼嗎？」

「他們還不確定，不過可能是腦膜炎。」

珍及時改道，順著起伏的六十號西邊公路雙線道柏油路面，往二十四號公路與林奇堡的方向駛去。

當天下午三點，最先抵達急診室的菲莉絲，打電話到德拉瓦大學的系辦公室，請系上通知我的大兒子伊本四世。電話響起時，他正在走廊上做科學作業（我的父親曾是神經外科醫生，大兒子對此領域也極感興趣）。菲莉絲迅速告訴他當下的狀況，並且要他別擔心，一切都在醫生的掌握之中。

「醫生怎麼說？」伊本問道。

「嗯，他們有提到革蘭氏陰性菌和腦膜炎。」

「我這兩天還有兩場考試，那我趕快先去跟老師說一聲。」伊本說。

伊本事後告訴我，一開始他還有點懷疑，我的情況是否真如菲莉絲所形容的那麼嚴重，因為她和荷莉常會「小題大作」——更重要的是，因為我不曾生病。但是當麥克爾・蘇利文一小時後也打電話給他，他終於意識到自己得立刻開車上路。

在伊本開往維吉尼亞州的途中，開始下起了冰雨。菲莉絲六點左右就已經離開波士頓，而正當伊本朝I-495環城公路前進，經過波多馬克河，進入維吉尼亞州時，她正好經過這片雲層下方。她抵達里奇蒙後，租了車，自己開車從六十號公路趕過來。

伊本在距離林奇堡不到幾英里時，打電話給荷莉。

「邦德呢？」他問。

「睡著了。」荷莉回答。

「那我就直接去醫院了。」伊本說。

「你確定不要先回家嗎？」

「不了，」伊本說，「我現在只想去看爸爸。」

晚上十一點十五分，伊本出現在加護病房區。通往醫院的道路開始結冰，當他進入到燈火通明的入口處櫃檯時，只看見一名夜班護士。護士帶他到我的加護病床邊。

那個時候，稍早前曾來過的親友都已經回家了。在這寬敞卻昏暗的病房中，唯一的聲音，是來自維持我身體機能運作的機器所發出的嗶嗶聲。

伊本看到我時，整個人在門口僵住了。在他過去二十年的成長記憶中，我連感冒都不曾有過。但此刻，雖然有機器維持我的生命跡象，他卻覺得自己看到的人與屍體無異。雖然我的肉體躺在他的眼前，但他印象中的父親已經不在了。

或者，換個較貼切的說法：是去別的地方了。

6. 黯黑的地底世界

眼前一片黑暗，是那種看得見的黑—就像被埋在泥漿中，但還是能看到眼前的東西。或者用髒掉的果凍來形容會更貼切—有點透明，但又有些朦朧模糊，身處其中令人有種窒息感，像是罹患幽閉恐懼症的感覺。

置身當下的我雖有意識，卻不帶記憶或個性，就像在夢中，可以感覺到周遭發生的事情，可是摸不清自己究竟是誰、是什麼角色。

聲音也一樣——遠方傳來帶有節奏的重擊聲，距離雖遠，音量卻強而有力，聲聲都足以穿透人心。像是心跳聲嗎？有點類似，但那聲音更深沉、更機械化——像金屬碰撞的聲音，像是在地底下有個鐵匠巨人，在遠方的某處打鐵；其力道之大，足以使撞擊聲穿透世界，抑或穿透泥漿，穿透你當下所在之處。

我沒有身體——至少我感覺不到。我單純就是……在那裡，在一處傳來有規律性撞擊聲的黑暗之中。那當下的感覺與環境，我應該可以用「原始」來形容。但在事情發生的過程中，我的腦子裡並沒有這個字。事實上，那時候的我，根本就無法用任何字來形容。我在此所用的形容詞彙，都是在我回到這個世界之後，以文字記錄回憶的過程中所想出的文字。在那個世界裡，語言、情緒、邏輯統統都不存在，我就像退回到生命的起點，退到一個未知的世界，而遠古時代的細菌，此刻接管了我的大腦，並且終止大腦運作。

至於我在這底下的世界待了多久？我也不清楚。當你身處在一處跟普通世界迥異、沒有時間感的地方，真的很難找到能正確描述當下情況的字眼。當事情發生之際，當我在那裡的時候，我覺得自己（不管這個「自己」究竟是誰）好像已經存在於此很久，而且還會一直待下去。

不過我也不介意，至少一開始是如此。畢竟，我知道的只有當下，所以有什麼好擔心的？沒有記憶也不錯，至少不必努力拼湊過去的經驗記憶，擔心自己是否能存活下去，而這種豁然的態度，也讓我覺得自己不會受到傷害。對那個世界的遊戲規則，我毫無頭緒，但我也不急著去了解。畢竟，有什麼好擔心的？

我無法確切描述究竟發生什麼事情，但在某個特定時刻，我察覺到周圍有東西出現。它們細微如植物的根莖，又有點像遍布在子宮的血管，而該處十分廣大而混濁。那種東西帶著暗沉的髒紅色，從上方的某處飄落下來。現在回想起來，當時的我就像深藏在地底的鼴鼠或蚯蚓，看著這些飄落的東西之外，也能清楚看見周圍盤根錯節的植物根莖。

這就是為什麼在事後回想起該處，我決定稱它為「蚯蚓之境」。我曾一度懷疑自己會有這種記憶，是因為當下有許多細菌在我的大腦中竄行。

但這種解釋方式，只要我仔細思考，就會知道不合理（我要再次強調，仔細思考已經是事後的事情了）。因為——如果你沒有身歷其境，真的很難想像那畫面——當我身處其中，我的意識是清楚、沒有受到扭曲的。我甚至不是動物，而是某種比動物更早存在的原始生物。我只是在這片時間靜止、紅棕色的大海中，一個孤單的意識覺罷了。

我在那裡待越久，感覺就越不舒服。一開始我只是沉浸其中，覺得「自己」與周遭半恐怖半熟悉的生物毫無差別。但漸漸地，這種深沉、永恆、無邊境的沉浸感，逐漸被另一種感覺取而代之——覺得自己並非這地底生活的一部分，而是被困在此處了。

奇形怪狀的動物臉孔紛紛從淤泥堆冒出，或是低吟，或是尖叫，然後又再度消失。偶爾會聽見不明的嘶吼聲，但這種嘶吼聲有時又會轉為朦朧卻帶有節奏的曲調，音調之間雖令人感到恐懼，卻又帶著莫名的熟悉感——彷彿聽著聽著，在某個點之後，我會知道該如何接著哼唱下去。

但我沒印象自己之前有過類似經驗，在這個王國中，我的時間早已無止境地延伸下去。是數月？數年？還是永恆？不管答案為何，這毛骨悚然、令人不寒而慄的感覺，已經遠壓過如家舒適的熟悉感。

隨著「我」的感覺越強烈——就像跟周遭陰冷潮濕的感覺有所區隔——那些從黑暗中冒出的動物臉孔就越顯醜陋與恐怖。而遠處傳來的重擊聲節奏也變得加劇尖銳，像是在地底下的苦力，做些永無止境、殘忍卻單調的工作。而我對眼前動靜的感知能力，逐漸由觸覺取代視覺，就像是大群的爬蟲類動物從我身邊爬過，三不五時還會用那濕滑或帶刺的外皮磨蹭著我的身體。

接著我聞到一股味道：有點像排泄物，有點像血腥味，又有點像嘔吐味。換句話說，那是一種生物的味道，一種死亡的生物，沒有生命的生物。隨著這種認知越來越強烈，我開始緊張了。不管我是誰，不管我是什麼東西，我都不屬於這裡。我得離開此處。

但是我該往哪裡去？

就在我反問自己的同時，黑暗空間上方出現了新東西：不是冰冷黑暗或死氣沉沉的東西，而是正好與這些形容詞相反的情景。就算終其一生，我也無法找到精確的詞彙，描述此刻靠近我的究竟是什麼東西，更無法以文字形容那景象有多麼美麗。但我要放手一試。

7. 家人為我定下生命之錨

大兒子伊本抵達醫院兩小時後，小妹菲莉絲也出現在醫院的停車場，當時大約是凌晨一點。她進入加護病房，看到伊本正坐在我的床邊，緊抓前方的醫院枕頭，藉此保持清醒。

「媽媽在家裡陪邦德。」伊本說，語調中帶著疲累、緊張，卻也難掩見到她的開心之情。

菲莉絲要伊本回家休息，如果他從德拉瓦長途開車回來，然後又一夜沒睡，明天的他，對任何人都沒有幫助，包括他的父親在內。稍後，她打電話到家裡，告訴荷莉和珍，說伊本一會兒就回家，而她會待在病房裡照顧我。

「回去看看媽媽、姑姑和弟弟，」放下電話後，她告訴伊本，「他們需要你，而明天你過來時，我和你爸都還會在這裡。」

伊本將我從頭到腳再看一遍：一條透明的塑膠管，從我的鼻孔插入氣管、扁薄皸裂的嘴唇、緊閉的雙眼，以及鬆垂的臉部肌肉。

菲莉絲讀出他的心思。

「回家吧，伊本。別擔心，你父親會一直跟我們在一起，我不會讓他就這樣離開的。」

她走到床邊，牽起我的手，開始做肌肉按摩。接下來的夜裡，只剩下機器與每個小時進來檢查狀況的夜班護士，而菲莉絲整晚就坐在我身旁，握著我的手，因為她知道，如果我要撐過這一關，保持某種連結是很重要的。

如果要強調南方人有多麼重視家庭觀念，可能有點陳腔濫調，但就跟許多一講再講的事情一樣，這是千真萬確的事實。一九八八年在哈佛時，我注意到的其中一件事情，便是南方人視為理所當然的事情——家庭與個人是共同體——對北方人而言，卻有些羞於直接顯露。

在我的一生中，我與家庭的關係——早期跟父母與姊妹，後來跟荷莉與兩個孩子——一直都是我生命中穩定的力量來源，近年來尤其如此。不管是北方人的看法也好，南方人的觀點也罷，對我而言，這個世界上最珍貴、最無私的支持力量，來自於我的家庭。

我會在重大節日時，跟荷莉帶著孩子們一起到聖公會，但其實這些年來，我頂多也只能算個「二日」教徒（就是只有在耶誕節跟復活節才會上教堂的人）。我會鼓勵孩子們在晚上禱告，但在家裡，我不管宗教的事情。我也從不掩飾自己對宗教真實性的存疑。雖然在成長過程中，我很希望能相信上帝、天堂與來生的存在，但從事神經外科研究的我，在嚴謹的科學世界中打滾數十年後，我打從心底懷疑這些事情是否真實存在。現代的神經科學主張，人類意識——包括人之所以為人的無形價值，看不見也摸不著的心智、靈魂、精神——都是來自大腦運作的結果。對此說法的正確性，我很少存疑。

這些年來，我跟許多每天直接面對瀕死患者及其家屬的健康照護工作者一樣，我聽過、也見過某些無法解釋的現象。我把這些情況歸類於「未知」，然後讓事情順其自然發展，並找出某種常識性的答案，讓大家都可以安心。

我並非不相信超自然力量。身為醫生，我常見到許多患者在身體與情緒上的折磨。因此，如果信仰能帶給患者安慰與希望，我也不會否定該力量的存在。事實上，我自己本身也樂於接受這樣的力量在我身上發揮作用。

然而，隨著年歲增長，事情發展似乎不如預料。多年之後，我的科學世界觀點就如同一波波打上沙灘的海水，逐漸侵蝕著我相信其他事情的能力。科學似乎能提供強而有力的證據，將人類存在於宇宙中的重要性推向於零。有信念是好事，但科學無關事情的好與壞，而是在於探究事物的本質為何。

我是一個積極的學習者，也就是說，我通常是從做事情的過程中學習。如果我感覺不到某樣東西的存在，便很難對它產生興趣。而我一直想伸手去觸碰、去了解的東西，再加上想變成跟父親一樣的人，種種條件都吸引著我走向神經外科之路。雖然人類大腦抽象且謎樣，但卻又具體無比。身為杜克大學醫學院學生，我享受著觀察顯微鏡下的世界，親眼觀察微妙精細的神經細胞是如何透過突觸連結，賦予大腦意識。我喜歡藉由大腦手術，將抽象的知識與具體的人體結合。為了進入大腦，醫生必須撥開覆蓋在頭骨周圍的皮層與組織，並以高速氣鑽進行手術。高速氣鑽是一種非常精密的設備，價值高達數千美元。不過，追根究柢，它也不過就是……一根電鑽罷了。

同樣的道理，進行大腦修復手術過程雖然複雜，但其實與修復任何高度精密的電器設備沒有兩樣。我很清楚，大腦的本質就是製造意識現象的機器。儘管現今科學家還不清楚大腦的神經元究竟如何創造意識，但這只是時間早晚的問題罷了。至於我的說法，看看每天發生在手術室裡的情景便能證明。如果有名患者因為頭痛且意識下降，一開始醫生會先幫她做腦部核磁共振攝影，然後發現腫瘤。接著便會幫患者進行麻醉，切除腫瘤，幾個小時後，她便能重回正常世界。不再頭痛，也不會有意識不清的問題。看起來十分簡單。

我很欣賞這樣的簡單性——這就是科學最誠實、最純淨的一面。我也對科學懷有敬意，因為科學不會予人隨性、幻想的空間。如果事實是建立在明確可信的證據之上，那就接受；反之，則拒絕。

如果在大腦停止運作後，一個人要延續其人格精神，若從科學的角度來解釋，則科學非有即無的解釋方式，無異會壓縮到靈魂存在的解釋空間。甚至我常在教堂裡聽到的「永生」一詞，也沒有解釋的空間了。

這就是為什麼，家人是我最大的依靠——包括荷莉和兩個孩子、三個姊妹，當然，還有我的父母。就現實層面來說，如果沒有家人的愛與支持作為後盾，我便無法盡情發揮自己所學與專長——日復一日做我該做的事情，看我該看的東西。

這也是為什麼，菲莉絲（在電話問過貝西後）當晚決定代表全家人對我許下承諾。當她坐在床邊，握著我蒼白、近乎沒有生命跡象的手時，她告訴我，不管接下來發生什麼事情，一定都會有人在我身邊、握著我的手。

「伊本，我們不會這樣就讓你離開，」她說，「你只是需要有個錨、有股力量將你留在這裡，留在我們需要你的世界裡。所以，這個錨，我們來下。」

當時她可能不知道，她所拋出的錨，日後會變得多麼重要。

8. 華麗的樂音與天堂之路

在黑暗中，出現了某樣東西。

它緩緩地散發出如細絲般的白金色光芒，打碎了周遭的黑暗世界。

接著我聽到新的聲音：一種栩栩如生的音樂，那是你有生以來聽過最華麗、最複雜、最美麗的樂曲。隨著純白色的光芒逐漸下降，樂曲的音量也隨之增強，掩蓋過稍早之前環繞在我身邊久久不去、單調且機械化的撞擊聲。

那道光越逼越近，不斷地旋繞，散發出純白色的光絲，其中還夾雜些許金色光芒。

接著，在那道光的正中央，出現了另一種東西。我集中注意力，努力想看清楚裡面究竟是什麼。

那是一處入口。我已從盯著那旋轉的光芒，轉為直接看透它。

在意識到這點之後，我迅速走上前。那裡傳來嘶嘶聲響，我瞬間穿過入口，發現自己在一個全新的世界裡，那是一處我未曾見過、新奇而美麗的世界。

色彩鮮明、生氣勃勃、令人著迷、驚豔……我可以說出一個又一個的形容詞，來描述眼前所見的世界與感覺，但這些詞彙仍不足以說明一切。我覺得自己像是剛出生的新生兒，不是重生，也不是再生，純粹是……新生。

在我下方是一片綠意盎然、蒼翠繁茂的鄉間景色，與地球的景觀類似……但又大不相同。當下就像是父母親帶你回到小時候待過數年的成長之地。你不知道那是什麼地方，或者應該說，你覺得自己不知道那是哪裡。但當你環顧四周，看到某些事物，便會意識到某一部分的你——在心靈深處的你——記得這個地方，而且很高興能重返此處。

我正在天空飛翔，飛越樹林與田野、溪流和瀑布，底下處處有人，也有嘻笑玩耍的孩童。底下的人們圍成一圈，牽手唱歌、跳舞。有時我還看見狗兒在人群間跑跑跳跳，看起來跟人們一樣開心。他們穿著簡單而美麗的服裝，在我看來，他們衣服的顏色，就如同周圍綻放盛開的花草樹木那般生動溫暖。

這一個美麗而神奇的夢中世界……

但這不是夢。雖然我不知道自己身在何處，甚至不知道自己到底是什麼，但有件事情我非常肯定：我意外身處的這個世界，絕對是真實的。

我所說的真實，其實是在表達某種抽象東西。但因為無法精確描述心中所想要傳達的訊息，我也不免感到沮喪。想像自己當個小孩，在某個夏日去看電影；也許電影很好看，你也樂在其中。但在影片結束後，隨著人群步出電影院，回到溫暖、生氣蓬勃的夏日午後，在你接觸到外頭的空氣與陽光時，你心想，天氣這麼棒，剛才到底為什麼要坐在黑漆漆的電影院裡。

把這樣的感受放大千倍都還不足以形容我當下的感覺。

我不知道自己究竟單獨飛行了多久（那裡的時間跟地球上我們所感受到的單純線性時間大不相同，而且難以面面俱到形容一切）。但有一瞬間，我發現，原來天空上不只我一人。

有人在我旁邊：一個美麗的女孩，有著高顴骨與深藍色眼眸，金棕色的長髮襯托出可愛的臉龐，穿著跟下方村民一樣的農家服飾。我們一同騎乘在一處複雜紋路的表面之上，有著難以形容、栩栩如生的色澤——是蝴蝶的翅膀。事實上，是無數的蝴蝶在我們周圍翩翩飛舞——它們成群舞動翅膀，飛入底下綠意盎然的田野樹林，然後又往上飛回到我們身邊。那並非單一的蝴蝶飛舞，而是所有蝴蝶一同舞動，猶如充滿色彩的生命之河，在空中穿梭流動。我們在空中緩緩飛行，就在我們接近時，綻開的花叢與樹木枝枒也歡迎我們的到來。

女孩的服裝樣式簡單，但衣服的顏色——粉藍與靛青中帶有淡淡的桃橘色澤——就跟身邊所有東西一樣栩栩如生，令人眼睛為之一亮。她看著我，表情像是在說，不管過去曾經發生什麼事情，如果你此時能看到眼前的畫面，就算只有短暫片刻，這輩子活到現在也值得了。她看著我的神情既非愛戀，也非友誼，而是遠超乎這兩類情感的境界……也遠超乎地球世間所有的情感類型。那是某種更高境界的情感，包含著各種愛的同時，卻又如此真誠純淨。

她與我交談，但不需透過任何語言文字。她傳來的訊息就像一陣風穿透入腦，我當下立刻知道一切都是真的，就像我知道自己身處的世界確實存在一樣——不是什麼幻想、夢境或虛構的畫面。

她傳來的訊息可分為三部分，如果要我翻譯成地球的語言，應該就是：

「親愛的，你永遠受到珍愛。」

「你不必有任何恐懼。」

「你不會做錯任何事情。」

隨著訊息傳來的，是一種解除警報的神奇感。當下就好像有人告訴我遊戲規則，而且是我玩了一輩子的遊戲，卻始終不曾清楚其遊戲規則。

「我們會帶你認識這裡。」女孩說——同樣地，她並非以我們認知的語言方式傳遞訊息。「但最終，你還是要回去。」

至此，我心裡只有一個疑問。

回去哪裡？

還記得現在是誰在跟你對話吧。我不是一個容易多愁善感的人。我知道死亡的模樣。我知道在那段美好的時光裡，有個活生生的人，會跟你聊天、開玩笑，現在卻變成躺在手術床上，靠著機器維生、毫無生命跡象的肉體，那是什麼感覺。我知道，面對自己從未想過會失去的人變成如此，那種無解的悲傷有多麼難過。我知道自己的身體狀況，而且，我不算工作狂，但我也不懶散。我知道幻想與現實的差異，我也知道此刻不知該從何跟各位分享的經驗，聽起來或許有些模糊、無法完全接受，但卻是我人生中最真實的一段經歷。

事實上，要比真實的話，接下來的事情再真實不過了。

9. 造訪以色列時被感染？

隔天早上八點，荷莉進入我的病房，跟菲莉絲換班，荷莉坐在床頭邊，緊緊握住我那毫無反應的手掌。上午十一點左右，麥克爾・蘇利文也來了，眾人在我身旁圍成一圈，由貝西牽著我的手，這樣我也算加入大家。麥克爾帶領禱告。就在禱告結束後，一名主治感染疾病的醫生，帶著樓下剛做出來的檢查報告進來。雖然他們前一晚有調整過抗生素劑量，我的白血球數量還是持續增加，而細菌也絲毫不受影響，繼續啃噬我的大腦。

迅速瀏覽過各種可能性之後，醫生們再度詢問荷莉有關我過去幾天的詳細活動細節。接著，他們提出的問題涵蓋我過去幾週的活動內容。是否有任何事情、任何細節能幫助醫生釐清我目前的情況？

「那個……」荷莉說，「他幾個月前曾經因公到以色列出差。」

原本低頭盯著手中資料的布里南醫生抬起頭來。

大腸桿菌細胞不只能和其他大腸桿菌交換DNA，也能和其他革蘭氏陰性菌有機體互換。這些細菌就像在體內旅行，一旦遭到抗生素攻擊，便會迅速突變，發展出新的細菌病株。如果大腸桿菌發現自己與其他有機體共存於某個條件不佳的生物環境，且其他有機體比自己更適合生存下去，則大腸桿菌會從較適合生存的細菌身上取得DNA，與其結合。

一九九六年時，北卡羅萊納州醫院的醫生，在一名過世的患者胃中發現新的細菌株，稱為克雷伯肺炎桿菌碳青黴烯酶，簡稱KPC，此菌種會在宿主體內對抗抗生素。當醫生發現，KPC不只能抵抗部分抗生素，而且是可以抵抗所有的抗生素，該菌株立刻引起世界各地醫生的注意。

如果有毒且具抗藥性的菌株（人類體內充滿了無毒的菌種）散播開來，所有人類應該都無法倖免於難。在近十年的醫藥發展上，還沒有新的抗生素能有效對抗該菌株。

就在幾個月前，布里南醫生得知有名患者因為嚴重的細菌感染入院治療，院方使用了許多強烈的抗生素，希望能控制KPC的感染情況。但該患者的病情持續惡化。檢查結果顯示，他的KPC感染情況並無改善，且抗生素完全無法發揮作用。進一步的檢查結果顯示，該男子大腸中的細菌，透過直接的質體轉移，取得了ＫＰＣ基因，進而造成感染現象。換句話說，該患者的體內成了該菌種的製造工廠，一旦散播到民眾身上，其威力可能不亞於十四世紀造成歐洲大半民眾死亡的黑死病。

這起病例便是發生在以色列特拉維夫的索拉史基醫療中心，而且就發生在數月前。事實上，正好是我在以色列工作期間，而我的工作之一，是整合全球首創的聚焦式超音波大腦手術研究。我在凌晨三點十五分抵達耶路撒冷，入住旅館後，一時興起，便決定在這座古老的城市裡走走。在破曉前，我獨自走在「苦難之路」上，也拜訪傳說中「最後的晚餐」進行之處。這趟旅程帶給我莫名的感動，回到美國後，我還不時跟荷莉提起這件事。但當時我並不知道索拉史基醫療中心有這名病患的事情，也不知道他體內的細菌吸收了ＫＰＣ基因。而受到感染、產生變化的細菌，就是大腸桿菌的菌株。

我是否可能在以色列時，無意間接觸到對抗生素免疫的ＫＰＣ菌種？應該不太可能。但至少這可以合理解釋，為何抗生素無法對我體內的病菌產生作用。醫生則繼續觀察，看看是否就是該細菌在攻擊我的大腦。因為有種種第一次發生的現象，我的案例可能從此在醫學史上留名。

10. 神性所在的核心世界

此刻，我漂浮在雲朵之上。

大朵蓬鬆的粉白色雲朵，與深藍色的天空形成鮮明對比。

在雲層上方的天空、非常高的地方，有許多透明發亮的生物，成群結隊橫越天際，在天空中留下條條長如絲帶的流光痕跡。

那是鳥兒？還是天使？在我寫下回憶的同時，這些詞語浮現在腦海中。但文字仍不足以形容當時所看到的畫面，因為我從未在地球上見過這些生物——它們是更高級、更進化的生命形式。

一陣華麗而宏亮的聲響從上方傳來，宛如讚頌聖樂，我在想，這聲音是否來自上方飛行的生物。我事後思索時想起，當它們在天際間翱翔時，看起來是如此歡樂，而這聲響莫非是它們表達快樂的方式——若不是如此，則無法表達喜悅之情。

奇妙的是，這聲音清晰可見，彷彿有形、可以碰觸似的，就像雨滴落在肌膚之上，你感覺得到，卻又不會弄濕身體。

在這裡，視覺與聽覺不再分離。我可以聽見上方銀色閃爍生物的視覺之美，也能看見它們情感澎湃、愉悅而完美的歌聲。如果沒有透過某種神秘方式，變成這個世界的一部分，你似乎就無法看到或聽到這個世界的任何事情。我要再次說明，這是從我此刻的觀點來看當時的記憶。我認為在那個世界裡，你看不到任何事物「本身」，因為「本身」一詞就代表與外界的分離，而在那個世界裡，這種情況並不存在——那裡所有東西都是獨立個體，卻也是其他東西的一部分，就像波斯地毯豐富交織的設計，或像蝴蝶翅膀的紋路。

我彷彿身處在完美的夏日時光之中，暖風徐徐吹來，拂動樹木枝葉，猶如天堂之水流過。那神聖的和風，改變所有事物，提升周遭世界的音頻與律動。

雖然我還稍具地球世界的語言能力，但此刻，不需任何言語，我開始將心中的問題訴諸此風、訴予其背後的神聖力量。

這是哪裡？

我是誰？

我為什麼在這裡？

每次，當我在心中默默提出問題時，答案旋即以爆發性的形式，結合光束、顏色、熱愛及美麗等條件，朝我席捲而來。這些突如其來的物質，其重要性在於：它們並非以此壓過、忽略我想尋找的答案；相反地，它們是以另一種方式來回答問題。它們的思緒直接進入我的腦中，但又跟地球世界裡的情況不同。這種無語的思緒，一點也不模糊、無形或抽象，而是確實且直接——比火焰炙熱，比流水濕潤。在這裡，我可以立刻且毫不費力地掌握某些在地球世界中，我可能得花上好幾年時間，才能完全了解的訊息內容。

我繼續往前移動，發現自己正進入一處漆黑、無邊無際的浩瀚空間，但感覺很舒服。此處雖說黑暗，卻又盈滿光線：我感覺光線似乎是來自身邊一個明亮的球狀物。這個球體有生命，且存在感非常扎實，就像剛才天使唱歌的情形一樣。

奇怪的是，我覺得自己像是飄浮在子宮中的胎兒，藉由附著的胎盤，維持與母體的聯繫及吸取養分。在這裡，所謂的「母體」，指的就是上帝、造物者、生命的源頭——不管你要以什麼名稱來形容創造宇宙萬物之主。我與這種生物的距離如此之近，近到彷彿不分彼此。但是在同一時間，我也感覺到，相較於該生物的無邊力量，自己又是多麼渺小。在我清醒後，在最初的手稿中，我是以Om來尊稱該神；Om是我印象中，與神相關的聲音，也代表著全知、全能和全愛。Om沒有性別，但任何文字都不足以形容祂的存在。

我發現，我與Om之間的遙遠距離，正是球體存在的原因。某些我無法完全了解的事情，球體就在我與周遭神奇世界之間，扮演「譯者」的角色。我彷彿是出生在一個廣大的世界裡，而宇宙本身就是一個大型的子宮，球體（似乎與蝴蝶翅膀上的女孩有某種關聯，應該就是之前的她）則在過程中扮演引導的角色。

在我清醒回到現實世界後，我發現了十七世紀基督教詩人亨利．沃恩，曾貼切地描述過此處——漆黑無垠深處的中心，正是神性所在之處。

「有人說，上帝就在黑暗而耀眼的深淵之處……」

就是這樣，沒錯：縱使漆黑一片，卻也盈滿光芒。

無數的問答持續進行。即使不是以我們所知的語言形式進行，但這種生物的「聲音」相當溫暖且人性化——我知道聽起來很奇怪。它了解人類，也具有人類的特質，但它的能力無窮，遠超過人類能力範圍所及。它熟知我生而為人、獨有的特質：親切、憐憫、感傷……甚至是諷刺與幽默。

「Om」透過球體告訴我，這世界上不是只有一個宇宙，而是很多個——事實上，是多到讓我難以置信——但不管在哪個宇宙，愛永遠是中心。邪惡的力量也同樣存在於每個宇宙之間，但它的存在量非常微小。而邪惡的存在有其必要性，因為沒有邪惡，就沒有自由；沒有自由，就沒有成長——沒有前進的動力，也就無法成為造物主希望看到的我們。雖然世界中難免存在邪惡的恐怖與其強大力量，但我們的世界由愛所主導，終會克服邪惡，取得勝利。

我看見在無數宇宙中的大量生命，甚至有些生物的智慧遠高於人類。我看見還有更高等的世界，但要了解高等世界唯一的辦法，就是親自進入體驗。高等世界的空間，是無法為較低層次空間的生物所了解的。在高等世界中，也存在因果關係，但其概念遠超過世俗人的認知。

人世間的時空概念也存在於高等世界裡，只是後者的時空概念更為緊密、複雜。換句話說，這些世界與人世間的生活並非截然不同，因為所有的世界都歸神所管。而且高等世界的生物，可以隨時隨地進入我們的世界。

在往後的人生中，我將致力於解開我在那個世界所學到的一切。那個世界所帶給我的知識，並非像歷史課或數學定理一樣用「教」的。而是讓我直接洞悉一切，不需慢慢學習或等待吸收。不需強記知識，卻能迅速且永遠記得，更不會像一般事情一樣，隨著時間而淡化記憶，因此直至今日，我還能記得我在那個世界所學到的一切，而且清晰程度遠超過我在學校多年所學的知識。

這不表示我可以這樣就得到知識。因為現在我又回到現實世界，我必須以有限的體力與腦力來處理資訊內容。但我感覺到，這種力量已深植我心。像我這樣的人，畢生都投入在累積知識與熟悉過時技術，而今發現另一種進階學習方式，對我來說，靠著這樣的精神糧食，我下半輩子真的滿足了。

遺憾的是，在人世間的家人與醫生們，跟我的看法大不相同。

11. 原來我對親生父母如此在意

荷莉注意到，在她提起我去過以色列的事情時，醫生們臉上的神情為之一震。但是當下，她不知道這件事情為什麼會如此重要。現在回想起來，幸好她當時不知道真正的原因。畢竟光是要接受我隨時會死亡的可能性就夠她難受了，更別提我可能成為二十一世紀新黑死病的指標人物。

同時間，許多親友也接到通知電話。

包括我的原生家庭在內。

我從小就非常崇拜父親，他曾在溫斯頓—塞勒姆的威克佛雷斯特大學巴布斯特醫學中心擔任醫務長二十餘年。我會從事神經外科研究，就是為了緊緊跟隨父親的腳步——不過我也知道，自己尚不如父親傑出。

父親是非常理智的男人。第二次世界大戰時，他曾在新幾內亞與菲律賓的叢林裡，擔任該地區美國陸空軍的外科醫生。他目睹過許多殘忍與痛苦的畫面，也為此感到難過。他曾告訴我，在戰役中有無數個手術的夜晚，傷兵僅有毯子裹身，躺在幾乎難以抵擋大雨的帳棚裡，眾人籠罩在潮濕悶熱的氣候之中，連醫生都得脫掉內衣，才稍稍能忍受那惡劣的氣候。

一九四二年十月，父親與他生命中的摯愛貝蒂（司令的女兒）結婚，當時他在太平洋戰場工作。當美軍在廣島與長崎投下原子彈後，戰爭結束之際，他跟著首批占領日本的同盟國軍隊進駐日本。身為唯一一位美軍駐東京的神經外科醫生，他自然身負重任。就連耳朵、鼻子和喉嚨的手術，統統歸他負責。

由於父親能力傑出，有好長一段時間，他哪裡都不能去。在戰事「稍加穩定」之前，新的司令也不允許他回美國。幾個月後，日軍正式投降，將軍才終於下令讓我父親回家。然而父親心裡清楚，知道如果駐戰地指揮官得知消息，肯定會撤銷命令。因此父親一直等到週末，等指揮官前往執行休息復原計畫（R&R）後才提出申請，由代理指揮官同意放行。跟他一起在戰場上的士兵紛紛踏上歸途後，父親終於得以登船返家。

一九四六年初，父親回到美國，繼續與曾在歐洲戰區工作的朋友、也是當年在哈佛醫學院的同學唐納多・馬資聖一同完成神經外科訓練。他們在法蘭克・伊格罕醫生的督導下，於波士頓的哈佛醫學院的旗艦醫院受訓。伊格罕醫生是由現代神經外科之父哈維・庫新最後一批親自訓練的住院醫生。五〇年代與六〇年代間，經過歐洲與太平洋戰區磨練的「三一三二C營」神經外科醫生（美國陸空軍的正式編號），為後半世紀的神經外科醫生立下嚴謹的標準，連我們這一代都深受影響。

我的父母親生長於美國經濟大蕭條的年代，也非常努力工作。父親往往在晚上七點回家吃晚餐，通常是穿西裝打領帶，但有時穿著手術袍就跑回來了。晚餐過後，他會再回去醫院，有時會帶上我們其中一個小孩，他去巡視病人，我們就在辦公室寫功課。對父親而言，生活與工作在本質上是相同的，而他也以此原則養育我們幾個孩子。星期天時，父親通常會要我們一起做些園藝工作。如果我們說想去看電影，他則會回答：「如果你們去看電影，那就代表有人得完成工作。」在壁球球場上，他也是非常強悍的對手，將每次的比賽視為「殊死戰」，就算後來八十高齡了，還是不停尋找比他年輕幾十歲的新對手。

他是個嚴父，但待人卻和藹可親。他尊敬遇到的每一個人，而且他的醫生袍中隨時都有螺絲起子，以便在巡視醫院過程中，發現螺絲鬆掉時可以使用。他的患者、醫生同事、護士，甚至是醫院全體員工都很愛他。不管是為病人開刀、幫忙作研究、訓練神經外科醫生（無比的職業熱情），或者是編輯《外科神經學》期刊（他做了好多年），父親一生都非常清楚自己要走的路。就算他在七十一歲、終於放下手術刀時，他還是不斷追求這領域的新知識。父親在二〇〇四年過世，在他離開後，他多年的夥伴大衛．凱利醫生曾寫道：「我們將永遠懷念亞歷山大醫生的熱情、專業、毅力與細心，以及他的悲天憫人、坦率正直與傑出表現。」我想，我會跟許多人一樣崇拜他，自然也就不奇怪了。

很小的時候，小到我無法記得確切時間，母親和父親就曾告訴我，說我是被領養的（或者照他們的說法，我是他們的「選擇」。因為，他們告訴我，打從見到我的第一眼，他們就知道我是屬於他們的孩子了）。他們並非我的親生父母，但愛我如親生骨肉。長大後，我得知自己是在一九五四年四月、四個月大時被領養的，而生母在一九五三年生下我時，還只是一個十六歲的高二生——未婚。她的男朋友是一個高中四年級生，當時也沒有養育小孩的計畫與能力，因此也同意棄養我，儘管他們可能都不願意作這個決定。我從小就知道這些事實，對我來說，那也僅僅是一部分的我。要接受這樣的事實，就跟接受我的頭髮是墨黑色，以及喜歡漢堡、討厭白色花椰菜的道理是一樣的。我對養父母的愛與對親生父母的愛無異，而他們對我也是如此。

我的大姊珍，也是被領養的，但在他們領養我五個月之後，母親終於懷了自己的孩子，生下了大妹貝西。五年後，再生下小妹菲莉絲。不管怎麼看，我們都是百分之百的兄弟姊妹。不管我從何而來，我都是她們的兄弟，她們都是我的姊妹。我成長的家庭，不只帶給我滿滿的愛，也全力相信、支持我的夢想，包括一路支持我完成學業，以及完成不達目的、絕不放棄的夢想：成為跟我父親一樣傑出的神經外科醫生。

在求學的那些年，我不曾想過自己是被領養的這件事——至少表面上如此。但其實我曾與北卡羅萊納州的兒童之家聯絡過幾次，想知道生母是否想與我團圓。但北卡羅萊納州有著全國最嚴謹的法規，保護被領養者與其生父母的個人資料，就算雙方渴望重逢也不例外。二十幾歲之後，我對這件事也逐漸忘懷。而在我遇見荷莉，組成我們自己的家庭之後，這個問題更是被拋到遠處。

或者，是藏在內心更深處了。

一九九九年，伊本四世十二歲時，我們住在麻薩諸塞州，當時他是六年級生，學校有一個家庭祖譜作業。因為這個作業，他知道我是被領養的，因此也代表，在這個世界上，還有他不認識、甚至連名字都不曉得的直系血親。直到那一刻，那份作業啟動了他內心深處的好奇心，連他自己都沒有察覺。

他問我是否想尋找親生父母。我告訴他，多年前我曾找過幾次，跟北卡羅萊納州兒童之家聯絡過，看他們是否有任何消息。如果我的親生父母有聯絡意願，該單位就會知道。但我不曾接到任何訊息。

而我也不以為意。「這種事情很正常，」我告訴伊本，「這不代表我的親生母親不愛我，或者因為沒看過你就不愛你。而是可能因為她知道我們已經有了自己的家庭，不想打亂這一切的平靜。」

但伊本四世不死心，所以最後，我想我應該誠實面對他。我寫下一個多年前曾在兒童之家幫助過我的社工姓名給他，那名社工也叫貝蒂。幾週後，那是二〇〇〇年二月間，某個下雪的星期五午後，我跟伊本四世正開車從波士頓前往緬因州滑雪度假，當時我想起來，該是打電話詢問貝蒂相關進展的時候了。於是，我拿起手機撥打電話，對方接聽了。

「事實上，」她說，「我確實是有消息要告訴你。你坐穩了嗎？」

我當時的確是坐著，所以我也如實回答她，只不過省略了我正在暴風雪中開車的事實。

「亞歷山大醫生，我們發現，你的親生父母後來有結婚。」

我的心臟噗通噗通跳著，前方的道路瞬間變得遙遠且不真實。雖然我知道我的父母曾經相戀，但我一直以為在他們決定棄養我之後，兩人應該也分手了。我的腦海中瞬間浮現一個畫面，一個有親生父母、有他們在的家。一個我從不知道的家。

一個——不屬於我的家。

貝蒂打斷我的思緒：「亞歷山大醫生？」

「是，」我緩緩回答，「我在聽。」

「我還有別的事情要說。」

伊本四世看起來很困惑，我將車停在路旁，要她繼續說下去。

「你的父母還有其他三個小孩：你的兩個妹妹和一個弟弟。我跟你大妹聯絡過，她說小妹在兩年前過世，而你的父母親目前仍處於喪女之痛當中。」

「所以說……」停頓許久後，我開口問，腦袋一片空白，聽著一切卻無法處理任何訊息內容。

「我很抱歉，亞歷山大醫生。但是，沒錯——這表示她拒絕和你聯絡。」

伊本換到我後方的座位，明顯察覺有大事發生，但不知道是什麼事情。

「怎麼了？爸爸。」我掛掉電話之後，他問。

「沒什麼，」我說，「那個單位說還沒有進一步的消息，不過他們會繼續聯絡，可能還要再一點時間。或許……」

我拉長了尾音。外頭，風雪交加。我只看得見幾百碼內的低矮白色樹叢，遍布在周圍四方。我將車入檔，仔細看看照後鏡，接著繼續上路。

在那一瞬間，我對自己徹底改觀。當然，結束通話之後，我還是我——我還是科學家、醫生、父親、丈夫。但我第一次感覺到自己像個孤兒，是個被送走、不是別人百分之百想要的人。

在那通電話之前，我從未如此看待自己——此刻，彷彿有人切斷了我的生命源頭。我從不知道自己會在某件事中迷失，而且從此打回原形、退回原點。但突然間，這卻是我唯一可以看待自己的方式了。

接下來的幾個月，我的內心有如一片悲傷海洋——傷悲的海浪打來，將我活到現在，努力打拚建立的一切捲入海底。

因為無法搞清楚事情為何發展至此，所以我的狀況更糟了。我之前的人生也曾遇到問題，但遇到麻煩就像看到缺點一樣，總會想辦法改進。舉例來說，在醫學院念書和早期剛當醫生時，我深受飲酒文化影響。在正常情況下，只要能喝酒，我就很開心。一九九一年，我開始注意到自己期待休假日的到來，一心只想要喝酒，想到有點過頭了。所以，我決定戒酒。不管怎樣，戒酒都不是件容易的事——酒精帶來的放鬆感，使我對它依賴的程度超乎想像——早期時，我可以靠著家人的支持堅持下去。所以這產生另一個問題，很明顯，這件事情發展至此，也只能怪自己了。既然是我選擇要問，就得自己面對處理。為什麼我沒有事先做好心理準備？這段似乎不是我所認知的過去——一段我無法控制的過去——徹底改變了我的情緒與工作狀態。

因此，我心中陷入掙扎，甚至懷疑自己是否能扮演好醫生、父親與丈夫的角色。看到我的狀況不佳，荷莉便尋求夫妻諮詢課程協助。雖然她只知道部分事情，但她還是願意原諒我陷入失控的低潮，並且拉我一把。我的低潮也影響了工作。當然，父母親也察覺我的轉變，不過我知道他們會諒解我。只是我在神經外科研究的工作連帶一蹶不振，但工作的事情，家人只能從旁關心，畢竟沒有我的參與，家人就算想幫忙也無能為力。

終於，我看著這個新成形的悲傷炸開，然後煙消雲散，隨之消失的還包括：我最後一絲的期盼，便是希望在這宇宙中，還有某種人性成分存在——是我投入多年心血的科學領域以外的力量。用淺白的話來說，這件事情徹底帶走了我對神的信念。曾經我相信，在另一個世界裡，有某種力量真心關愛著我、聽見並回應我的祈禱。某種程度上，我一出生就注定是屬於深信上帝與教堂文化的一分子；但風雪中的那通電話，將我心中那個人性化、愛我的上帝徹底帶走，消失得乾乾淨淨。

到底有沒有另一股力量或智慧在一旁照護我們呢？又是誰真摯地愛著人類？連我自己都感到意外的是，最終，儘管我擁有多年的醫學經驗與背景，我還是渴望知道答案。就像我從不知道，自己原來對親生父母是如此好奇。

遺憾的是，究竟是否有另一種生命形式在照顧人類，這問題的答案就跟我的親生父母是否會再度對我敞開心房的問題一樣。

答案是，不會。

12. 認親之旅療癒了我

接下來的七年，我的工作和家庭生活都處在低氣壓之中。有好長一段時間，我身邊的人，包括最親近的人在內，都搞不清楚到底發生了什麼事。但漸漸地，荷莉和我的姊妹們，從先前的蛛絲馬跡拼湊出可能的原因。

二〇〇七年七月，我們在南卡羅萊納州進行家族旅行期間，某天上午在海邊散步時，貝西和菲莉絲終於開口問了。

「你有想過再寫一封信給你的原生家庭嗎？」菲莉絲問。

「沒錯，」貝西說，「現在情況可能不同了，誰也說不準。」貝西最近曾提起想要領養小孩一事，所以此刻她們提起這個話題，我一點也不意外。但同樣地，我當下心中沒說出口的反應是：噢，拜託，別又來了！我知道貝西和菲莉絲是好意，但我還清楚記得七年前，在面對被原生家庭拒絕後，心中那道深不見底的傷口有多痛。現在，她們終於知道我為何而痛，自然會想幫助我重新站起來，並且陪我一起解決問題。她們保證會陪著我一起走過——在認親的這條道路上，我不會像之前一樣形單影隻。我們會一起面對。

因此，二〇〇七年八月初，我寫了一封非常客氣的信件給我的親生妹妹，她也是這件事情當年的守門者。我同時也將副本寄給北卡羅萊納州的兒童之家。信件內容如下：

親愛的妹妹，

與我領養家庭的養母和姊妹們討論過後，在她們的支持下，我重新燃起一絲希望——我希望有機會認識妳、認識我們的父母和弟弟，我想要知道一些有關親生家庭的事情。

我有兩個兒子，分別是九歲與十九歲，他們也想知道自己的來源。如果妳願意與我們分享一些訊息，我們父子三人以及我的妻子都會很感謝妳。對我而言，父母從年輕到現在的生活點滴，一直是我心裡想知道的事情。還有，你們是什麼樣的人？有什麼興趣呢？

我們都已經有年紀了，我希望有機會能早日見到他們。也請妳放心，如果你們想要保有任何隱私，我也絕對會尊重。任何的協議都應建立在雙方的共識之下。我有一個很棒的領養家庭，也很感謝我親生父母當年所作的決定。我的動機很單純，也願意接受你們的決定。

希望妳能認真考慮這件事，謝謝妳。

妳誠摯的大哥

幾週後，兒童之家寄來我親生妹妹的回信。

「好的，我們很樂意跟你見面。」她寫道。受限於北卡羅萊納州的法律規定，她不能對我透露任何與身分相關的訊息，但她的回信，首次讓我真實感覺到自己與素未謀面的原生家庭終於有了聯繫。

當她提起我的生父曾在越南服役、擔任海軍飛行員時，我瞬間恍然大悟：難怪我喜歡駕駛滑翔翼，熱愛從飛機上跳下去的感覺。更讓我驚訝的是，我的生父在六〇年代中期，曾是美國太空總署在阿波羅號任務進行期間培訓的太空人員（一九八三年，我也曾想過要接受太空船任務的專業訓練）。生父後來轉行擔任泛美航空與達美航空的飛行員。

二〇〇七年十月，我終於見到親生父母安與理察，以及我的親手足凱西與大衛。安將一九五三年事情發生的經過，完完整整地告訴我。當時她在夏洛特紀念醫院旁的未婚媽媽之家待了三個月。那裡的女孩都是以代號稱呼，因為她很喜歡美國歷史，便以維吉尼亞．戴爾為名——那是新世界第一個誕生的寶寶之名。而大部分的女孩都叫她戴爾。當年十六歲的她，是裡面年紀最小的一個。

她告訴我，在她父親知道她的「困境」後，曾表示願意盡一切力量幫助她，甚至必要時，也願意舉家搬遷到一處無人認識的地方。我的外祖父當時已經失業一段時間，家中的新成員勢必會造成龐大的經濟壓力，更別提其他隨之而來的問題。

外祖父的一名好友甚至曾提過認識一名在南卡羅萊納州狄龍縣的醫生，可以幫忙「處理一切」。但外祖母則說從來沒聽過這種事。

安告訴我，在一九五三年十二月的某個寒夜裡，陣陣冷風吹來，她仰頭看著滿天星星閃爍時的心情——當她走在空蕩蕩的街道上、走過滿天迅速移動雲層下時的心情。當下，她只希望與天上的星月和即將誕生的寶寶——我——獨處。

「弦月低掛在西邊天空，剛升起的光亮木星，整晚就掛在天空上看著我們。理察很喜歡科學與天文學，他後來告訴我，當晚正逢『木星衝』的位置，往後的九年，木星不曾再如此明亮。接下來，發生了很多事情，包括兩個孩子的到來。

「但當時我心裡只想著，這顆行星之王如此光明漂亮，在天空上守護著我們。」

她走進醫院大廳時，腦中閃過一個神奇的念頭。未婚媽媽之家的女孩們，通常在生下寶寶後，必須先在那裡住上兩個禮拜，然後才能回家、回到過去的生活軌道。如果她當晚能生下我，那麼她就能帶我一起回家過耶誕節──前提是她兩週後真能重獲自由。在耶誕節帶我回家，這聽起來是多麼神奇的一件事。

「產科醫生剛接生完一名嬰兒，他看起來累慘了。」安告訴我。

醫生用一片沾滿乙醚的紗布，蓋在她的臉上藉以緩和陣痛，因此她一直處於半清醒狀態。終於，在凌晨兩點四十二分，最後一次使勁用力後，她生下第一個寶寶。

安告訴我，她當下好渴望能抱我、親我，她也永遠忘不了我呱呱落地的哭聲。後來，她因為生產疲累與麻醉作用而沉沉睡去。

接下來的四個小時裡，先是火星，然後是土星、水星，以及最後、最亮的金星先後從東方天空升起，迎接我來到這個世界。此時，也是安過去幾個月來，睡得最沉的一晚。

護士在日出前喚醒她。

「我希望妳見見他。」護士語氣中充滿雀躍，她抱著裹在天空藍毛毯中的小嬰孩出現在安的眼前。

「所有護士都覺得你是育兒室裡面最漂亮的寶寶。當下，我幾乎是驕傲到哭出來。」

雖然安非常想留下我，但冷酷的現實卻不容許她作此選擇。進入大學是理察一直以來的夢想，但這樣的夢想，無法養活當時的我。或許是我感受到母親的為難，我開始停止進食。在我出生後的第十一天，我被送進醫院，醫生診斷後認為，我恐怕「無法長大」。我人生的第一個耶誕節，以及接下來的九天，都是在夏洛特醫院裡度過。

在我入院後，安搭乘兩小時的巴士，北上回到家鄉。那年的耶誕節，她是跟三個月不見的雙親、姊妹與朋友一起度過。完全不包括我在內。

當我又開始進食，代表分離的日子逼近了。安意識到事情失控，他們不打算讓她留下我。她在新年過後致電給醫院時，院方告訴她，我已經被送到格林斯堡的兒童之家。

「被志工帶走？你們怎麼能這樣對待我們？這不公平！」她說。

接下來的三個月，我跟幾個被母親棄養的嬰兒住在一起。我的嬰兒床在一棟藍灰色維多利亞建築的二樓，那是有人捐贈的房屋。

「作為你的第一個家，那裡還算不錯，」安笑著告訴我，「雖然充其量只算一間嬰兒收容所。」

接下來幾個月，安來看過我五、六次，每次車程約需三小時，為的就是要想盡辦法，成功地把我留在身邊。有一次她跟她的母親一起來，另一次是跟理察（雖然護士只讓他透過窗戶看我——護士不讓他進來，也不讓他抱我）。

但到了一九五四年三月底，事情的發展明顯無法如她所願。她恐怕不得不放棄我了。她和外祖母，最後一次搭公車到格林斯堡看我。

「我當時將你抱在懷裡，看著你的雙眼，試圖想跟你解釋一切，」安告訴我，「即使我知道當時的你，不管我說什麼，你都只會咯咯地笑，嘴裡吐著嬰兒泡泡，發出一些愉快的聲音，但我就是覺得自己欠你一個解釋。我最後一次緊緊抱著你，親吻你的耳朵、胸膛和臉頰，輕輕撫摸著你。我記得自己深深吸了一口氣，我愛極了你身上清新的嬰兒香味，這一切彷彿是昨天才發生的事情。

「我喚著你剛出生時的名字，告訴你，『你永遠都不會知道，我有多麼愛你。而且我會永遠愛著你，直到我離開人世的那一刻。』

「我說，『親愛的上帝，請讓他知道，他是深深被愛著的。請讓他知道，我愛他，而且永遠愛他。』但我始終無法得知，上帝是否應允了我的祈求。五〇年代的領養協議是秘密進行，且決定後不能反悔。沒有回頭路，也沒有任何理由。有時紀錄上的出生日期甚至經過修改，就是為了避免日後讓任何人有機會發現寶寶的真正身世。如此一來，就不會留下任何追蹤線索。領養協議也受到當地法律嚴格保護。遊戲規則就是要忘記曾經發生的一切，好好繼續過往後的生活。而且，希望能從中學到經驗。

「我最後一次親吻你，輕輕將你放在嬰兒車裡。我用一條藍色的小毛毯裹住你，最後一次凝視著你藍色的眼珠。我在手指印上一吻後，輕輕將手指貼在你的前額。

「『再見，理察．麥可。我愛你。』這是我對你說的最後一句話。至少，是在過去大半個世紀以來，最後的一句話。」

安繼續告訴我，她和理察婚後發生的事情。還有，在其他孩子陸續來到這世上之後，她越來越想知道我到底變成什麼樣的人。理察除了當過海軍飛行員與航空公司飛行員之外，他還曾是個律師。而安發現，拜理察的律師執照所賜，她有機會找出我被領養後的身分。但理察對於追溯一九五四年的領養協議內容抱持保留態度，不太願意有所牽扯。七〇年代初期，隨著越戰的爆發與進行，安還是無法不去想我的身世。一九七二年十二月，我應該十九歲了。我是不是個受歡迎的人？如果是，我又是怎樣的人？早期，我的計畫是想加入海軍當飛行員。當時，我的裸視視力是○．二，但空軍的要求是一．○，且不可經過矯正。當時因為戰爭的關係，有傳言說，就算視力只有○．二，海軍還是會收編我們，並且教我們如何飛行。然而，隨著越戰情況趨於緩和，我也沒機會入伍了。所以我選擇進入醫學院。但安對這些事情一無所知。一九七三年春天，他們看著從北越「河內希爾頓」存活的戰俘返國、從飛機上走下來時，當下，他們因為失去認識的飛行員而感到難過，理察有一半以上的海軍同袍都已經死在戰場上，無法登上返國的飛機；而安心想，我可能也是回不來的那一個。

這樣的畫面在她心中久繞不去，多年來，她始終認為我大概已經慘死在越南的稻田間了。但如果她知道，當時我就在離她幾哩之外的查佩爾山丘，肯定會很驚訝！

二〇〇八年夏天，我在南卡羅萊納州的利其菲爾德沙灘與生父見面，在場還有他的哥哥和妹婿，兩個人都叫鮑伯。哥哥鮑伯是韓戰期間功勛彪炳的海軍英雄，同時也是加州海軍武器測試中心的試飛員（他擅長操作響尾蛇導彈系統，並曾飛過F-104星式戰鬥機）。而妹婿鮑伯則在一九五七年時的追日計畫中創下紀錄，那是一場以F-101巫毒式戰鬥機為主力，透過接力飛行方式「跟太陽賽跑」，以每小時超過一千英里的速度環繞地球。

對我而言，這就像「返鄉週」一樣。

與親生父母見面，象徵著這些年來的茫然感得以畫下句點。因為我知道過去這些年來，對我的親生父母而言，也是一段難過的記憶。

但是，還有一道無法癒合的傷口：十年前，當時是一九九八年，我的親生妹妹貝西（沒錯，跟我領養家庭的妹妹貝西同名，而且兩個人都嫁給了羅比，不過這又是另一段故事了）過世了。大家都說，她有一顆寬厚仁慈的心，大部分的時間都在性暴力危機中心工作，不然就是照顧、餵養流浪貓狗。「她真是一個天使。」安這麼說她。凱西答應要給我一張貝西的照片。貝西生前跟我一樣，因為心中的某些糾結，一度有酒精成癮的問題，而她的離開讓我意識到自己是多麼幸運，當初的問題已不復存在。我很想見見貝西，想安慰她——告訴她，所有的傷口終會癒合，一切都會過去的。

在與原生家庭重逢後，我心裡有種莫名的感受，是我這輩子第一次感覺到，原來曾經發生過的事情，不管是家庭的事情，還是個人的事情——大部分都是我自己的——都還算過得去，也終究會過去，所有事情都會回到正常軌道。這是我第一次知道，了解自己的身世，原來能在無形中療癒一個人的人生。知道自己從何而來，知道自己的血脈身世之後，我開始認識、接受內在的自己，這是我以前連作夢都不敢想的事情。與親人相認後，我終於可以放下深藏心中多年而不自知的疑慮：我曾懷疑，從血緣上來說，不管我從何而來，我都是爹不疼、娘不愛的孩子。在潛意識裡，我認為自己不值得被愛，甚至不該存在。現在發現原來親生父母是深深愛著我的，我心底的傷口才漸漸癒合。這帶給我一種前所未有的完整感。

然而，這不是我唯一的收穫。那天，我跟伊本在車上討論的問題——是否真有愛我們的上帝存在——我還是持保留態度，當時我心裡的答案，依舊是否定的。

直到昏迷七天後，我才開始重新檢視這個問題，也發現了意想不到的答案……

13. 語言文字難以形容的經驗

有個東西在拉我。不像是有人抓著我的手臂，也不像肢體接觸，而是某種隱約而微妙的感覺。有點像是雲層後投射出的陽光，你可以感覺到自己的情緒迅速轉變，藉此回應這股力量。

我又開始退回原處，遠離核心區域。原本黑到發亮的空間逐漸消失，取而代之的是剛進來時、入口處翠綠到令人炫目的景觀。低頭一看，我再度看見村民、樹林、潺潺溪流與瀑布，以及上方如天使般、成弧形隊伍飛越天際的生物。

我的同伴也在旁邊。當然，在我進入核心區域時，她就一直陪在我身邊，只不過是變成球狀的發光生物體。但現在，她又恢復人形模樣。她穿著相同美麗的裙子，再次見到她，我就像個在浩瀚異域中迷失的孩子，突然見到熟悉的臉孔。她真是上天賜給我最好的禮物！「我們會帶你參觀許多東西，但你最後還是要回去。」這個訊息在剛進入黑暗無垠核心區域時，就曾以非語言形式傳遞、告知我，現在又出現了一次。我現在也知道所謂的「回去」，是要回去哪裡。就是我展開這段漫長旅程之初，所經歷過的「蚯蚓之境」。

但這次不一樣。隨著進入黑暗的核心，清楚底下的世界之後，我就沒有像一開始的緊張與不安。隨著入口處宏亮華麗的聖樂慢慢消失，低沉的重擊聲再度從低層世界傳來，當時我就像個成年人，看著、聽著曾經害怕的地方與聲音，卻不再害怕了。陰鬱的黑暗，浮現又消失的臉孔，以及由上垂下、如動脈盤根錯節的根莖，此刻我已不再害怕，因為我知道——當下，我不需透過語言便能了解——我不屬於這裡，我是訪客。

但，我為什麼會重返這裡？

答案同樣在一瞬間，以高等世界的非言語形式傳入腦中。在整趟探險旅程中，我開始覺得，這像是在探索另一個無形、靈性的偉大世界之存在。這是一趟很棒的旅程，過程中的細節無不鉅細靡遺。

回到低層世界後，這裡的時間感跟人世間所知道的感覺也不同，是另一種更高層次的形式。如果真要形容的話，應該就像是作夢時的時間感。在夢中，「過去」和「未來」的界線十分模糊。你是夢境中的一部分，沒有過去，也不知道未來。我所謂高層次的時間感就有點像這種感覺——我要強調，除了一開始進入地底世界的描述內容之外，我的這段經歷，跟我在人世間曾經有過的黑暗、困惑夢境無關。

我到底在那裡待了多久？同樣的，我不知道——這是無從衡量的答案。但我知道，回到低層世界後，我花了好長一段時間，發現原來自己在某種程度上，可以控制行進方向——而不是被困在底下。只要堅定心念，我就能回到高處。在陰暗深淵的某處，我發現自己希望能再度聽見先前的華麗樂音。雖然一開始有些記不得音調，但華麗的樂曲與旋轉的光芒卻慢慢在我的意識裡綻放，再度穿透泥濘的淤泥堆。而我，開始上升。

在上方的世界裡，我慢慢發現到，如果你想要朝某個方向移動，只要知道自己要什麼，用想的就行了。想著旋轉的樂曲，它就會出現。就是因為心中的渴望，我才得以重返上方的世界。

隨著我越熟悉上方世界，我越容易重返那個地方。脫離身體的這段期間，我不斷在蚯蚓之境的泥濘黑暗世界與通過翠綠通道，在神聖的黑暗核心之間來來去去。我也數不清究竟來回多少次——因為在那裡的時間計算方式，跟人世間的概念不同。但每次抵達核心，我都會進入比前一次更深層的境地。我在那裡學到，在此世界之上的其他世界，都不需透過語言溝通。

這不代表我所見到的東西是全面性的，不管是從蚯蚓之境移動到核心，或是之後的世界。事實上，每次我回到核心世界，心裡始終認為，要了解那個世界中所有存在的生物幾乎是不可能的事情——不管是看得見或看不見的那一面，或是它更廣泛、更靈性無形的那一面，更別提還有其他無數個存在的宇宙。

但這些都不要緊，因為我已經從之前的經驗學到一件事情——也是唯一最重要的事情，這是打從穿過通道入口處的那一刻起，我那坐在蝴蝶翅膀上的可愛同伴傳遞給我的訊息。這個訊息有三部分，用文字來說的話（因為當下並非用語言溝通），應該如下：

你永遠受到珍愛。

你不必有任何恐懼。

你不會做錯任何事情。

如果要我將整段訊息用一句話來形容，應該就是：

你是被愛著的人。

但如果還要更精簡，用一個字簡單表達的話，那（當然）就是：

愛。

無疑地，愛是一切的基礎。這不是一種抽象、難以捉摸的愛，而是每個人日常生活中都能感受到的愛——就像看著配偶或孩子，甚至是寵物時的感覺。這種愛是沒有嫉妒或自私的成分存在，而它最純潔、最有力的形式，便是無條件的愛。這就是現實生活中最真實的一面，是所有存在物質的核心，唯有懂得這一切的人，才能真正了解人類的本質，並且將愛具體化為行動。

這樣的本質聽起來很不科學嗎？我不這麼認為。我從那裡回來，我相信這不只是全宇宙中最重要的單一情緒事實，也是最重要的科學真相。

過去幾年來，我一直都在與他人分享經驗，也跟其他研究或經歷過瀕死體驗的人談過。我知道在相關領域的話題中，「無條件的愛」一詞總會不斷出現。但究竟有多少人真的了解這個詞的真正意義呢？

當然，我知道為什麼這個詞會如此頻繁地出現，那是因為許多人都曾見過、經歷過跟我相同的事情。但就像我一樣，當這些人回到人世的層次後，他們的感覺被文字局限住了，而且只能透過文字來轉述、傳達遠超過文字所能表達的經歷與見聞。那就像是只能用一半的英文字母來寫小說一樣的不足。

大部分經歷瀕死體驗的人，他必須跨越的障礙並非如何適應回到人世後的限制——雖然這肯定是個挑戰——而是該如何貼切詮釋所經歷過的愛。

我們的內心深處都知道，這就像《綠野仙蹤》裡的桃樂絲一樣，一直都能回到家，我們都有辦法找回與那田園王國的連結能力。只是我們忘了自己有這種能力，因為在大腦掌管一切的情況下，受限於肉體的存在感，大腦便會阻隔廣大無垠的背景，就像每天早上的陽光，遮蔽住星辰光芒是同樣的道理。如果我們從未見過夜晚滿天星光閃爍的天空，光憑白天的景象來代表一切，那可見我們所看到的宇宙視野是多麼有限。

我們所見的景象是大腦過濾後的畫面。大腦——尤其是左半邊掌管語言與邏輯的部位，通常是產生理性與明確感受自我的部位——是追求更高境界知識與經驗的障礙。

我相信，人類現正面臨存在的關鍵時刻。我們必須在人世期間，藉由大腦全面運作（包括左半邊的分析部位），重新找回更廣泛的知識。而我投身多年的科學領域，並不會和我在另一個世界的經歷相牴觸。只是相信的人還不多，因為科學界中的特定人士，非常執著於唯物主義觀點，一再堅持科學與靈性無法共存。

他們誤會了。我之所以寫這本書，是為了讓更多人認識原始而終極的事實，至於我的故事——我如何謎樣地染病、如何在昏迷一週後恢復意識，以及如何完全復原——統統是其次。

我在旅途中所感受到無條件的愛與接受，是我最重要的發現，也是我想分享的觀點。但我知道，要分享這個觀點，就跟要說明我在那個地方的其他經歷一樣，都不容易。我心底清楚，分享這最基本的訊息——簡單到多數小朋友都能容易接受的訊息——將是我最重要的任務。

14. 星期三的宣告

在我昏迷的前兩天，「星期三」成了指標性文字——這一天，醫生會來宣布我存活的機會。當時他們是說：「我們希望星期三的時候，情況會有好轉跡象。」而當星期三真正到來時，我的情況絲毫沒有好轉。

「我什麼時候才能看到爸爸？」

自從星期一入院陷入昏迷後，邦德就不斷提出這個問題——這對一個十歲小男孩而言，是很自然的反應。荷莉前兩天還能成功地迴避問題，但星期三早晨，她決定該是時候說明一切。

星期一晚上，荷莉告訴邦德，我還不能出院是因為我「生病」，邦德當下是把生病一詞，跟他腦中過去十年的經驗記憶畫上等號：咳嗽、喉嚨痛，或許還有頭痛。我們就假設他對頭痛的認知，來自星期一早上他看到的情況，並且加以放大。但荷莉星期三下午終於帶他來醫院看我時，他原本還希望是父親迎接他的到來，而不是眼前躺在醫院病床上的男人。

邦德眼前看到的，是一名與他父親有幾分相似、卻死氣沉沉的軀體。如果你看著睡著的人，你還是能感覺到在那身體裡住著一個人，那是一種存在感。但大部分的醫生會告訴你，昏迷者的情況跟睡著不一樣（雖然他們也無法確切說明哪裡不同）。身體是在，但卻有一種奇怪的感覺，彷彿這個人的存在也消失了。他們似乎去了其他地方，很難具體形容這種感覺。

打從伊本四世衝進待產室擁抱剛出生沒幾分鐘的弟弟，他和邦德的感情就非常親近。在我陷入昏迷的第三天，他們兄弟倆終於在醫院碰面了，伊本四世盡量以正面樂觀的方式向弟弟解釋我的情況。雖為了其實也還是個孩子的他，想出一套邦德應該可以接受的解釋方式：戰鬥。

「我們來畫圖，把現在發生的情況畫下來，等爸爸好起來之後就可以看了。」他告訴邦德。

他們在醫院用餐區的桌上攤開一大張橘色的紙，畫下他們認為在我昏迷的身體裡，最具代表性的情況。他們畫下我的白血球，穿著披肩，手持刀劍，防禦著受到病毒圍攻的大腦領土。還有，除了刀劍和些許不同的制服外，他們還畫出入侵的大腸桿菌。這是一場正面對決的戰役，雙方人馬都清楚這一點。

就這種方式來看，已經算表達得非常準確了。唯一與事實有所出入的，是圖片中的戰役過程，將我體內的複雜情況過度簡化。在伊本四世和邦德的解釋中，這場戰役雙方戰情緊繃，兩方互相纏鬥，結果未知——雖然，白血球最後一定會贏。但當他跟邦德坐在一起時，桌上滿是彩色筆，試圖從最純真的角度來看事情，但伊本四世知道事實，他心裡清楚，這場戰役不再膠著，也不會充滿未知。

而且他知道哪一方會贏。

15. 特殊的瀕死體驗

人類真正的價值主要取決於由獲取內心自由的手段與覺知。

——亞伯特．愛因斯坦（一八七九～一九五五）

初抵蚯蚓之境時，我沒有真正的意識中心。我不知道自己是誰，也不知自己是何物，甚至，不知道我是否存在。我就只是……在那裡，是在一團灰暗濃霧中的單一意識體，沒有開始，彷彿也沒有結束。

不過，現在我知道了。我了解當時我是聖境的一部分，而且沒有任何東西——完全沒有——能把那種感覺帶走。認為人類在某種程度上可以與造物主分離的（錯誤）念頭，正是宇宙中所有焦慮形式的來源，而其治癒方法——這就是我在天堂之路時半知半解，到核心處才完全了解的概念——就是學到，絕對沒有任何事情能將我們與造物主分離。這樣的認知——一直是我學到最重要的事情——進入蚯蚓之境讓我看到真實的面貌：不全然是愉快的經驗，但這無疑是宇宙的一部分。

許多人都曾跟我一樣到過聖境，但很奇怪的是，大部分的人雖然遠離人世的肉體，卻還記得自己的身分。他們也不會忘記在世間的事情。他們知道自己活著的親人還在那裡，期盼他們回去。在許多案例中，他們也遇過早已往生的親友，而且能一眼就認出對方。

許多經歷瀕死體驗的人都曾提到，在過程中會看到一生做過的事情，他們會看見自己與不同對象互動的情形，以及在一生中所有做過的好事與壞事。

對於這些經驗，我一樣也沒發生；但我的瀕死體驗，卻是最特殊的現象。我完全脫離肉體的身分，所以發生在瀕死體驗中的現象，與我在人世間的記憶與身分，是完全無關的。

到目前為止，我還是不知道當時的自己究竟是誰，也不知自己從何而來，我知道這聽起來令人費解。畢竟，我怎麼可能在意識到如此驚人複雜美麗的事物，我如何能看到身旁的女孩，還有茂密的樹林、流水與村民的同時，卻不知道是我——伊本・亞歷山大——在親身經歷這一切？我又如何知道自己沒有意識到在人世間，我具有醫生、丈夫與父親的身分？我又如何知道進入天堂之路的，是不曾見過樹木、河流與雲朵的我，而不是那個在北卡羅萊納，在樹木、河流與雲朵陪伴下成長的我？

我能想到的最佳解釋，就是自己處在部分失憶卻有利的情況之下。也就是忘掉自己重要的一面，卻因為遺忘而得利，即便只有短暫片刻。

如果不記得人世間的身分，我在這趟旅程中能得到什麼？正因為對過去沒有記憶，我才能更深入這些世界，而不需有所罣礙。在旅程中，我只是一個沒有東西可以失去的靈魂，沒有懷念的地方，也沒有哀悼的對象。我從未知之處而來，也沒有過去，因而得以平靜且完整地去接受當下的自己——即便是一開始在陰暗、混亂的蚯蚓之境也一樣。

也因為徹底忘記自己的瀕死狀態，我才能完全融入這無垠的世界當中，做回真正的自己（我們都一樣）。我要再次說明，在某種程度上，我的經驗跟夢境很像，你會記得一些跟自己有關的事情，然後會把其他的事情忘得一乾二淨。但這只有部分類似。因為，就如同我一再強調的，天堂之路和核心世界的情景，並非如夢境般遙不可及，而是極度真實——跟幻境截然不同。用「遙不可及」一詞讓事情聽起來好像是我在蚯蚓之境、天堂之路與核心世界時，刻意擺脫人世間的記憶。我現在懷疑應該就是這樣。只有更純粹的冒險，我才能比其他曾有過瀕死體驗的人得以進入更深層的世界。

聽起來或許有些自負，但這並非我的本意。瀕死體驗的大量相關文獻，是我了解昏迷期間旅程的重要資料。我不知道自己當初為何有此經歷，但我現在知道了（三年過後）。從閱讀相關的瀕死體驗文獻得知，進入高層世界應該是一種漸進式的過程，需要當事人放下與某層面的連結，才能進入更深、更高的境界。

那對我而言不是問題，因為在整段旅程中，我完全沒有人世間的記憶，而唯一難過與心痛的時刻，是我必須回到人世，回到這趟旅程最初的起點。

16. 對靈界的遺忘是一份禮物

我們必須相信人有自由意志，因為我們別無他選。

——以撒・辛格（一九〇二～一九九一）

人類意識在現今大多數科學家眼中，是由數位訊息所構成——也就是像電腦的資料檔案一樣。雖然腦中有一部分的記憶，例如看見壯麗的夕陽景色、首次聽見悅耳的交響曲，甚至是第一次談戀愛，都比其他儲存在腦中的資料來得深刻與特別，不過，這一切都只是假象罷了。事實上，腦中所有的資料，就品質來說，是不相上下的。大腦會以外界現實為雛形，過濾感官資訊，並將資訊轉為大量的數位紀錄。但我們的感知能力只是一種模型、是一種假象，並非事實。

當然，這是我先前的認知。我記得在醫學院時常聽到有人在討論，認為意識不過是像複雜的電腦程式罷了。認同這一論點的人認為，是人類腦中數以百萬計的神經元不斷交互作用，才能產生人類一生的意識與記憶。

要探討大腦阻隔人類接收更高層次世界知識的可能性，理論上至少得先接受大腦並非製造意識的器官之假設，同意大腦是一種過濾機制，將我們在非物理世界中所持有的廣泛、非自然法則的意識，轉化為有限生命中的有限能力。從世俗的角度來看，這樣有明確的好處。正因為大腦無時無刻都努力在過濾周邊有形世界所傳來的感官訊息，篩選出能讓人類生存的物質，因此忘記我們跨世界的身分，能讓我們更有效地「活在當下」。就如同一般人的生活中，總是有過多資訊等著我們接收，而我們也做得很好；只是一旦過度注意人世以外的世界，有可能減緩當下生命的發展。但如果我們現在了解過多的靈魂世界，對當下的生活無異也是一種挑戰（但這不代表我們不該注意其他世界的存在——而是知道其偉大，有助於我們在人世時的行為決策）。從目的論的角度來看（現在我相信，宇宙間的一切都是有原因的），透過自由意志作出正確決定，會使人世間邪惡與不公平的力量變小，而且有美好的光彩世界在等待我們。

為什麼我能這麼肯定？原因有二。首先，我看過那樣的世界（在天堂之路和核心世界的生物教我的）；再者，因為我親身經歷過。離開身體期間，我學到了宇宙的自然面貌與結構，那是遠遠超乎我能理解的範圍。但不管怎樣，我接收到了這樣的知識，因為就廣泛層面來說，我比其他人先體會過這種不尋常的旅程，所以我有放手一試的空間。現在我回到人世，記得我的身分，而跨世界的知識種子似乎又被掩蓋住了。不過，知識種子還在那裡，我時時刻刻都可以感覺得到。在人世間的環境，或許我得花上數年的時間，才能看到種子結果。也就是說，我得用有限的生命與頭腦，花上數年的時間，去了解我在另外一個不用大腦的世界裡，可以輕易迅速了解的事情。不過我有信心，這部分的難題終會迎刃而解。

現今科學界對宇宙的認知，與我所看到的宇宙之間，仍有一段落差。我還是深愛著物理學和宇宙論，也熱愛探索浩瀚神奇的宇宙。不過，我現在對「浩瀚」與「神奇」的真正意義有更進一步的認知。相較於宇宙無形、靈性的一面，宇宙有形的部分是由微粒塵土所構成。我以前認為在科學對話中，靈性是一個絕對不可能出現的文字，現在我卻相信，這是不可或缺的詞彙。

在核心世界裡，我了解到所謂的「黑暗能量」或「黑暗面」似乎有更明確的解釋方式，這是人類長期忽略的部分，卻也是構成宇宙的先進物質。

然而，這不表示我能清楚解釋這一切，因為——雖然聽起來有違常理——我自己也還在消化這類知識。或許詮釋該經驗最好的方式，就是說我比大部分的人，預先接觸到該知識：我相信人類在未來也能廣泛接觸。但現在要我說明該知識的話，我就有點像隻被放出來當一天人類的大猩猩，感受人類知識的驚奇後，回到猩猩群中，試圖跟其他猩猩解釋拉丁語系的差異、人類計算法則，以及外頭世界有多麼大。

在上面的世界，一旦我心中浮現問題，答案也會隨之出現，就像花朵從旁綻開一樣。就好像宇宙中的物理粒子密不可分，而答案永遠伴隨著問題存在。但我得到的答案並非簡單如「是」或「否」，而是龐大的概念，就像城市裡林立的大樓明確而清楚的存在。其概念量之龐大，或許得用盡我一生在人世間所學的一切，才能探究其一二。但在上面的世界裡，我不必如此辛苦，因為我的思緒如破繭而出的蝴蝶，擺脫了人世間的認知模式。

地球只是自然界黑暗無垠太空中的一個小藍點。在我看來，地球是一處善良與邪惡交織之地，也是地球的特質。即便是在地球上，善良仍多於邪惡，但在地球上邪惡力量的影響力，是不可能存在於高等世界之中的。在高等世界中，邪惡力量之存在，是造物者所允許，是為了讓諸如人類的生物得到自由意志。

些許的邪惡力量遍布宇宙，但所有的邪惡力量加起來，也不過就如沙灘上的一顆沙土那般微小；宇宙真正充斥的，是善良、富足、希望與無私的愛。而交替出現的物質則是愛與包容，任何不具上述特質的東西，明顯很快會消失。

但自由要付出的代價，是失去或遠離這種愛與包容。我們是自由的；但人類卻成天不停以周圍環境來圈禁自己，讓自己感到不自由。自由意志是人世間重要的核心功能：我們總有一天會發現，這種功能可以讓人類跨越時空的限制。跟其他看不見的無形世界相比，人世間的生活似乎微不足道。但人世間的生活卻也格外重要，因為我們在人世間所扮演的角色，都是為了回到聖境而努力成長，而上方世界的靈體——靈魂或發光的Om——時時刻刻密切觀察著人類成長的一舉一動（我在天堂之路看到的靈體生物，我相信就是人類文化概念中的天使）。

人類靈性的那一面，目前正透過演化發展，居住在有壽命限制的大腦與身體之中，也是人世間必要的產物；也是人類的靈性面在作真正的選擇。真正產生思想的，並非大腦，而是部分的大腦受到訓練，將大腦與思想結合、透過大腦認識自己，所以長期以來，我們都喪失了認識有形大腦與身體之外的自己，也受到有形軀體的控制。

真正的思想是一種物質前狀態，是一種藏在思考背後的意識，負責在世界上的決策後果。思想並非以線性方式進行，而是快如閃電，串連不同層面的思維，並將其結合。這種自由、內在智慧的真實面貌，在普通人的思維中，卻是無比的緩慢與笨拙。就是這種思考方式，讓球門區的橄欖球球員撲到球，也正是這種思維力量，激發了科學靈感或作曲動力。當我們真正需要的時候，潛意識的思維一直都在，只是我們往往不得其門而入、不願意相信罷了。原來，那天傍晚跳傘、查克的降落傘突然在我下方打開時，就是這股思考力量，讓我瞬間產生反應避開。

要感受大腦外的思考方式，就是進入瞬間的世界，如此一來，一般日常的思考方式（也就是說，受到大腦與光速限制的層面）便顯得平凡無趣。我們相信，深層的自我是絕對自由的，不會因為過去的事情或身分而有所限制或妥協。深層的自我知道自己不需害怕人世間的一切，也因此，不需為自己建立名聲、財富或擁有一切。這是總有一天，每個人都會找回的靈性自我。但在那天到來之前，我想，我們應該盡力去接觸另一個超自然的自己——去培養它，讓它有所發揮。這就是此刻住在我們身體裡面的靈體，而事實上，也是上帝真心希望見到的、真正的我們。

我們該如何接近這真實的靈性自我？答案是，透過表達愛與憐憫。為什麼？因為愛與憐憫，是我們許多人都相信的概念，是真實、是明確的。靈性世界也正是由愛與憐憫所構成。即便我們此刻還困在人世間無法跳脫，但為了有一天能回到靈性世界，我們得先準備好，變成像那個世界的生物。

當我們想到上帝——或阿拉、毗濕奴、耶和華，或不管你要如何稱呼這股力量、稱呼統治宇宙的造物者——一般最大的誤解就是想像祂的存在。Om不是一個人。沒錯，上帝也無法以數字計數，祂的存在是科學所無法衡量與理解的現象。但是——雖然聽起來很奇怪——Om也具有「人性」，甚至比你我都更像人。Om比我們所能想像的，更了解、更同情人類的處境，因為Om知道，我們暫時遺忘了在聖境的一切。

17. 朝深井拋出心靈繩索

荷莉和希薇亞兩人，是八〇年代在北卡羅萊納的一所中學教書時認識的。荷莉當時還有另一個好友，名叫蘇珊·雷吉斯。蘇珊是一個直覺很準的人——但這一點也不會影響我對她的感覺。這麼說好了，雖然她的行為有點超乎直接而嚴謹的神經外科觀點所能接受的範圍，但在我心裡，她是個非常特別的人。她也是人類與靈魂的溝通管道，曾出過一本書叫《開第三隻眼》（*Third Eye Open*），荷莉非常喜歡那本書。蘇珊常進行的精神療癒活動，就是透過靈魂接觸，幫助治療昏迷患者。星期四，也是我昏迷的第四天，希薇亞認為應該透過蘇珊來找我。

希薇亞打電話到她家中，並向她解釋我的情況，看看她是否能找到我的「連線頻道」？蘇珊答應了，並且問了我的情況。希薇亞告訴她，基本上我已經昏迷四天，而且情況危急。

「這樣就夠了，」蘇珊說，「我今晚會試著跟他聯繫。」

從蘇珊的角度來看，一名昏迷的患者是處在兩個世界之間游移的生命現象，既不完全在這裡（人世），也不完全在那裡（靈界），這些患者通常都處在一種異常神秘的氛圍之中。這也是我曾提及自己多次觀察到的現象。只是在那過程中，我沒想過那就是蘇珊所謂的超自然現象。

在蘇珊的經驗裡，昏迷患者的特徵之一，是可以接受心靈感應的溝通方式。她相信只要自己進入入定狀態，很快便能找到我。

「與昏迷患者溝通，」她事後告訴我，「就像是朝一口深井中抛下繩子。繩子要抛多深，取決於患者的昏迷程度。當我試著要找你時，我很驚訝地發現到，繩子竟然要抛得如此之深。隨著繩子越往下降，我越害怕你離我們越遠——而我有可能找不到你，因為你不會回來了。」

整整五分鐘後，她感覺到抛下的心靈「繩索」有一絲動靜，就好像沒入水中的釣魚線，雖然水底下的拉扯力道微弱，但肯定有東西。

「我很確定那就是你，」她事後說，「而我也這樣告訴荷莉。我告訴她，你回來的時間還沒到，但你的身體會知道該如何反應。我建議荷莉，記住這兩個重點，並且不斷在你耳邊重複訴說。」

18. 醫學史上的首例

星期四，醫生確定我體內的大腸桿菌病株，與當時我在以色列期間，感染腦膜炎的該名患者的病株不同。但事實上，這不符合的結果，只是讓我的病情更加撲朔迷離。雖然好消息是，我體內的細菌與橫掃第三世界的細菌不同，但就我個人的情形來看，醫生們心裡也很清楚：我的個案是史無前例。

事情的發展過程，迅速從沮喪變成絕望。醫生找不出我的發病原因，也不知道該如何救我。唯一能肯定的是：從來沒有人感染細菌性腦膜炎且昏迷數日後還能完全復原。而我，至此已經昏迷第四天了。

這股壓力迅速蔓延到所有人身上。菲莉絲和貝西星期二就已經決定好，絕對不要在我的床邊提起任何有關死亡的事情，因為某部分的我可能會聽見這樣的討論內容。星期四早晨，珍向加護病房的護士詢問我的存活機率。貝西在病床另一側聽到她的問題後說：「拜託，請不要在這裡討論這種事。」

珍和我一直都很親近。即便我們其實都是父母親「選擇」（套用他們的說法）領養的孩子，這也讓我們有著另一層特殊連結；我們都像是「自家」的手足，是這個家庭的一分子。她總是照顧著我，而當下束手無策的情況，讓她感到沮喪萬分，也將她逼入情緒的臨界點。

珍的眼眶中泛起淚水，「我得回家一下。」她說。

醫院裡的護士認為已經有許多人輪流守著，所以少一個人在我房裡，或許也不失為一件好事。

珍回到我家打包行李，當天下午開車回去德拉瓦州。在離開前，她第一次清楚表達出全家人當下的心情：無力感。沒有什麼比看到摯愛的親人陷入昏迷更令人沮喪的事情。你想幫忙，卻無力可施。你希望床上的那個人可以睜開雙眼，但他們卻始終沒醒過來。昏迷患者的家屬往往會試圖動手撥開患者的眼睛，這是一種強迫的方式——希望患者趕快醒來。當然這不管用，而且只會打擊情緒。陷入深度昏迷的患者，通常也失去了眼睛與瞳孔的協調能力。打開深度昏迷患者的眼皮，就像要他們的一隻眼睛看著一個方向，而另一隻眼睛看著反方向——那是一種令人不舒服的景象。在那七天裡，荷莉也多次嘗試打開我的眼皮，但這只是徒增痛苦罷了，因為當她打開我的眼皮後，基本上只看到一具屍體上歪斜的眼球。

珍離開後，氣氛顯得更緊繃了。菲莉絲開始出現在我從醫多年以來、早已見過無數次的家屬反應——她開始對我的醫生感到不滿。

「為什麼他們還不告訴我們最新的進展？」她惱怒地問貝西，「我發誓，如果今天換成伊本是主治醫生，他肯定會把事情交代清楚。」

事實上，我的醫生絕對盡力了。當然，菲莉絲心裡也清楚這一點。只是眼前情況所帶來的痛苦和沮喪，早已經將親人的期待折磨殆盡了。

星期二，荷莉曾打電話給傑·里歐佛雷醫生，他是我之前在波士頓布禮根婦女醫院發展立體定位放射手術計畫的同事。傑後來成為麻省總醫院的放射腫瘤科主任。荷莉心想，或許他會有答案。

在荷莉描述我的情況時，傑認為她一定有哪些細節說錯了。因為他知道，荷莉所描述的情況，基本上不可能發生。但荷莉終於說服他相信，我確實是因為感染一種罕見的大腸桿菌腦膜炎而陷入昏迷，而且沒有人能解釋病因時，他便致電給全國各地的感染疾病專家，但卻沒有人聽過像我這樣的案例。即便他翻遍從一九九一年至今的醫學文獻，也找不出在發病前沒有進行過神經外科手術，卻出現大腸桿菌腦膜炎的成人感染案例。

從星期二開始，傑每天至少會打一通電話向菲莉絲或荷莉追蹤我的病情，並且告知他的調查進展。

我的另一名好友史帝芬．塔特，也是神經外科醫生，同樣每天打電話給我的家人，提供意見與安慰。但日復一日，大家唯一的發現，就是我是醫學史上的首例。一般的大腸桿菌腦膜炎很少會發生在成人身上。全世界的人口中，每年發生的機率，一千萬人當中不到一人。而且革蘭氏陰性菌腦膜炎十分具有侵略性，其侵略性之高，足以使任何感染的患者，有高達百分之九十的人會跟我一樣，一開始就呈現神經功能迅速退化，然後死亡。打從我被送進急診室時，我的死亡率就已經高達百分之九十。而在接下來的一週，因為身體對任何抗生素產生不了反應，令人憂心的死亡率也在不知不覺中，從百分之九十悄悄上升到百分之百。少數跟我一樣能存活的重症患者，在他們的餘生裡，通常得接受二十四小時全天候的照顧。以醫學術語來說，我的情況是所謂的「單人交叉臨床試驗」（N of 1 trials），意指在醫學研究上，由單一患者的情況代表整體實驗結果，只因為醫生也無法找出第二個情況跟我一模一樣的患者進行比較。

從星期三開始，邦德每天下午放學後，荷莉就會帶他來醫院看我。但是到了星期五，她開始猶豫這樣做到底是好是壞。當週稍早前，我的身體偶爾還會掙扎。每當我掙扎時，護士會來幫我按摩頭部，並且加重鎮定劑劑量。然後，我會安靜下來。讓我十歲的兒子親眼目睹這一切，無疑增加他心中的困惑與痛苦。讓他看著與記憶中截然不同的父親躺在那裡還不夠糟，而且還得看著這個身軀做些奇怪的動作，那不是他記憶中的父親。這對他而言，無異也是一大挑戰。一天天過去，我變得越來越不像他認識的父親，而只是躺在病床上一具認不出來的軀體：是記憶中父親的雙胞胎兄弟，一個殘酷且陌生的男子。

當週後期，這些突如其來的舉動統統停止了。我不再需要鎮定劑，因為下腦幹與脊髓周圍的原始反應功能區已經停擺，身體的動作機能——趨近於零。

越來越多的親友打電話詢問是否能來看我。到了星期四，我身邊的人決定拒絕所有訪客。加護病房裡已經有太多人進進出出，護士強烈建議我的大腦需要休息，越安靜越好。

另一個明顯的轉變是大家講電話的口氣，微妙地從充滿希望變成絕望。有時候，荷莉環顧四周，覺得她已經失去我了。

星期四下午，有人敲了麥克爾．蘇利文的門，是他在聖約翰教堂的秘書。

「醫院來電，」她說，「一名照顧伊本的護士說要跟你通話，她說非常緊急。」

麥克爾接起電話。

「麥克爾，」護士告訴他，「你得趕快過來一趟，伊本快死了。」

身為牧師，麥克爾之前也曾經歷過類似情況。牧師面對死亡及其後續效應的頻率，跟當醫生的人沒兩樣。不過，聽到「快死了」的字眼傳入耳中，而且對象是我時，麥克爾心頭仍不免為之一震。他打電話給太太佩姬，並請她代為禱告：為了我，也為了讓他有力量能面對這一切。接著他在寒風細雨中開車前往醫院；途中，他的眼裡滿是淚水，幾乎看不清前方道路。

當他進入病房，房內景象與他上次來時無異。菲莉絲坐在我床邊，輪到她握住我的手。握住我的手這件事情，從星期一晚上她抵達之後，就不曾間斷過。在呼吸器的協助下，我的胸膛每分鐘起伏十二次，而加護病房的護士在我床邊的機器堆中，靜靜地做著例行工作，記錄儀器讀出的數據。

另一名護士進來，麥克爾問是不是她打電話給他的秘書。

「不是我，」她回答，「我一整個早上都在這裡，而且他的情況從昨晚到現在都沒有太大變化。我不知道是誰打電話給你的。」

到了十一點，荷莉、母親、菲莉絲和貝西都來到我的病房。麥克爾建議禱告。每個人，包括兩名護士在內，手牽手一起圍在我的床邊。而麥克爾再次衷心祈禱，希望我能早日康復。

「上帝，我相信祢有此力量，請把伊本帶回我們身邊。」

不過，大家都不知道究竟是誰打電話給麥克爾。但不管是誰，這都是一件好事。因為，來自下方世界的祈禱——也是我來自的世界——終於開始傳入我的耳中。

19. 主宰宇宙的法則

我的意識層面擴大了，擴大到似乎涵蓋整個宇宙。你有沒有在收音機受到靜電干擾的情況下聽到一首歌？你最後是不是會習慣那種聲音。然後有人轉動頻道調節器，你便能清楚聽到同一首歌。你之前怎麼會沒發現，一開始聽到的聲音是如此黯淡、遙遠且不真實呢？

當然，這就是心智運作的方式。人類與生俱來就有適應的能力。我曾多次向患者解釋，所有的不適感都會趨於緩和，或至少感覺有所緩和，因為人類的身體和大腦會適應新的環境。有時候只要時間夠長，大腦就會學習忽略，或是想辦法處理，或者當作很正常的事情。

我們有限的人世意識太過複雜，我在進入核心世界深層時的第一印象就是簡單。我不記得在人世過去的一切，但也不曾為此而錯失什麼。即便我忘記了在下方人世的生活，但我卻記得真正的自己。我是浩瀚複雜宇宙中的居民，而主宰宇宙的法則，是愛。

我在這趟神秘旅程中、離開軀體後的發現，正好呼應了前一年與原生家庭重逢後所學到的一件事情：最終，我們都不是孤兒。我們所有人就像我之前一樣，只是在另一個家庭裡：有被我們短暫遺忘的靈體在看著、照顧著我們，只要我們打開心房接受祂們的存在，祂們便會引導我們在人世間的一切。所有人都是永遠被愛著。我們每一個人，都深受造物者所愛，以超越我們所能理解的方式在珍惜著我們。這一點，應該是要公開的秘密了。

20. 你也會這樣守護著我嗎？

到了星期五，已經過了整整四天，我的靜脈內也注入了三倍的抗生素，但身體依舊沒有任何反應。各地的家人和朋友紛紛前來探視，而不克前來的人，也都在所屬教會為我禱告。荷莉的妹妹沛姬和好友希薇亞當天下午也來了。荷莉打起精神，以笑臉迎接她們。

貝西和菲莉絲繼續堅持著「他會好轉」的說法——不管怎樣，都要保持正面態度。但隨著一天天過去，要堅持這樣的念頭也越難。就連貝西自己都開始懷疑：「病房內不可有負面情緒」的堅持，是否其實意味著「病房內不要面對現實」？

「你覺得，如果今天角色對換，伊本也會這樣守著我們嗎？」那天早上，在前一夜幾乎又不成眠的情況下，菲莉絲問貝西。

「什麼意思？」貝西反問。

「我的意思是，妳覺得他會不會寸步不離、以加護病房為家地守著我們？」

貝西以一個最美麗、最簡單的反問方式回答：「這個世界上，你覺得他還會去哪裡嗎？」

她們兩人都認為，只要有需要，我一定會立刻出現，但她們很難想像我會一直在同一個地方坐上數小時，直到最後。「那不是一種例行工作，或是必須做的事情——感覺上，我們就是應該要陪著你。」菲莉絲事後告訴我。

但讓希薇亞感到最難過的，是她看著我開始蜷曲的手腳，彷彿像失去水分的植物。這代表肌肉末梢開始萎縮，是中風或昏迷患者常見的現象。對親人和愛你的人而言，這種畫面實在令人難受。

希薇亞看著我，不斷告訴自己，要保持對我原有的信心。但即便是對她而言，這也是很難、很難接受的事實。

荷莉也開始責怪自己（如果她當時早點叫救護車，如果這樣，如果那樣……），所以大家也盡量避免讓她有這種想法。

現在，大家都知道，如果我能復原的話（基本上，復原一詞可能不太貼切），至少也得經歷三個月的密集復健，可能還會有長期語言障礙（如果大腦還有語言能力的話），而且終生可能需要有專業護理人員照顧。雖然聽起來很糟糕，但已經是最好的情況了，不管怎樣，這都算是很好的結果。畢竟原本我恢復健康的機率，已經低到完全不存在了。

大家一直沒讓邦德知道我的詳細情況。但星期五他放學後來醫院時，無意間聽到醫生跟荷莉討論一些她心裡已經有數的事情。

該是面對事實的時候。希望非常渺茫。

當晚，到了邦德該回家時，他拒絕離開我的病房。因為考量到醫護人員的工作，所以按規定，每次我的房裡只能同時有兩個人進入。在六點左右，荷莉好聲好氣地要邦德回家，但他就是不肯離開椅子，只是一味埋頭畫著白血球士兵與大腸桿菌入侵軍隊的戰爭。

「反正他不知道我在這裡，」邦德說，語氣中半是難過，半是請求，「我為什麼不能留下來？」

所以那天晚上，其他人只能輪流進來，這樣邦德就不用離開。

但到了隔天早上——星期六——邦德改變心意。這是他整個禮拜以來，首次當荷莉進入房間喚醒他時，他第一次說不想去醫院。

「為什麼不想去？」荷莉問。

「因為……」邦德說，「我很害怕。」

他說出眾人的心聲。

荷莉走到廚房，待了幾分鐘。接著她又再問一次邦德，是否確定不想去醫院探視父親。

邦德看著她，沉默許久。

「好吧。」他終於點頭同意。

星期六一整天，就在不斷有人陪伴，以及家人和醫生充滿希望的對話中度過，但感覺上已經快沒希望了。隨著一天的過去，每個人心中殘存的期待，似乎又比前一天少了幾分。

星期六晚上，送母親貝蒂回旅館後，菲莉絲到我家。屋前泥濘的道路有點難走。屋裡一片漆黑，窗裡也沒有燈光。自從我被送進加護病房的那天下午起，到目前為止，已經連續下了五天的雨。像這樣不停下雨的氣候，在維吉尼亞州高地區相當罕見，通常十一月的氣候是晴朗而涼爽，就跟我倒下的前一天星期日是一樣的。現在，那樣的日子好像已經很久遠，感覺上天彷彿不停在倒雨。這一切究竟何時才會停止？

菲莉絲打開門，打開電燈。這個禮拜以來，許多人都會過來看看，並且送點食物，雖然不斷有人送食物，但原本半期待半擔憂、因為臨時狀況而凝聚的氣氛，已經轉為陰鬱而絕望的心情。朋友跟家人的心裡有數，對我所抱持的希望已經快接近終點了。

有一度，菲莉絲本來想生火，但又想到可能會引來不速之客，於是便作罷。她感覺到前所未有的疲累與沮喪，就這樣躺在木質地板書房的沙發上，沉沉睡去。

半個小時後，希薇亞和沛姬回來了，當她們看見菲莉絲倒在書房裡，便躡手躡腳經過門前。希薇亞走去地下室，發現有人沒關上冷凍庫的門，地面上已經積了一灘水，食物也開始解凍，包括幾片上好的牛排。

希薇亞將地下室積水的情況告訴沛姬，她們決定要善用眼前的食物。兩人分別打電話給其他家人和幾個朋友，然後開始處理食物。沛姬到外頭買回一些配菜，展開意料之外的大餐。很快地，貝西帶著女兒凱特和丈夫羅比一起加入，當然還有邦德。當晚的對話內容充滿憂心的氣氛，話題也都圍繞著大家心中的主角「我」——缺席的貴賓——很有可能無法再回到這屋子裡了。

荷莉回到醫院，繼續著不間斷的守護工作。她坐在我床邊，握著我的手，不斷地在我耳邊說著蘇珊．雷吉斯建議她說的話。她強迫自己在說這些話的同時，也要打從心底相信這些話都有其意義，而且會實現的。

「接受禱告。

「你曾治癒他人，現在輪到你接受治療。

「許多人都很愛你。

「你的身體知道該怎麼做。現在還不是你離開的時候。」

21. 天堂之路關閉

每當我發現自己又被困在粗礪的蚯蚓之境中，總會想起美妙的華麗樂音，接著天堂之路便會出現，得以進入核心世界。我花了好長一段時間——雖然那裡沒有時間感——跟蝴蝶翅膀上的守護天使在一起，並且透過造物者與Om之光，在核心深處無止境地學習。

有一次，當我抵達天堂之路邊緣，卻發現無法進入了。那旋轉的音樂——通往高層世界的門票——已經無法再帶我通往該處。前往天堂的通道關閉了。拜人世間的語言瓶頸之賜，描述這種感覺是一種極限挑戰，而我們透過軀體的感受也變得平凡無奇。想想你每次失望的時候，我們在人世間經歷的失去，其實都是繞著失去同一個中心而打轉：失去天堂。當天堂之門關閉的那天，我體會到一種未曾有過的悲傷。在上面世界的情緒很不一樣。雖然同樣都是人類具有的情緒，卻更深層、更廣闊——這種情緒改變的不只是內在，也包括外在。想想你在人世間改變情緒，天氣也隨即跟著轉變。你的淚水會帶來一陣暴雨，而喜悅能撥雲見日。

這可以稍稍形容在上方時心情改變的廣大影響，而且想到原來「內在」與「外在」其實並沒有真實區隔，這是多麼奇怪卻震撼的認知。

我除了心碎之外，當下還不斷沉入一個悲傷、黑暗的世界，是真的往下掉。我穿越雲層往下掉落的同時，身邊環繞著喃喃之音，但我聽不出來內容。接著我意識到，有許多生物圍在我身邊，跪成一個長弧形。現在回想起來，我知道不管是在天上或下方，那些半清晰、半感覺的生物在做什麼。

他們在為我禱告。

我事後想起其中的兩張臉，是麥克爾．蘇利文和他太太佩姬。我只記得他們的影像，是直到我恢復意識、恢復語言能力之後才認出是他們。麥克爾曾親自到加護病房裡，帶領過許多次的禱告，但佩姬從未親身出現過（不過據說她也有為我禱告）。

這些禱告者帶給我力量。或許這就是為什麼，縱然心中有股深切悲傷，某部分的我總有著莫名的自信，相信一切事情都會好轉。這些生物知道我正處於轉變過程，所以他們透過唱歌與禱告，幫助我保持靈魂的信心。我正前往未知，但當下我有絕對的信念與信心，我將受到照顧，正如蝴蝶翅膀上的同伴所說，以及上帝無限的愛所保證——不管我去哪裡，天堂永遠伴隨著我。可能是以造物者的形式出現，或者是Om，或是以天使之身出現——而我的天使，就是蝴蝶翅膀上的女孩。

我正在回家的路上，而且我並不孤單——我知道，我將不再感到孤單。

22. 一道完美的彩虹

事後回想起來，菲莉絲表示那個禮拜讓她印象最深刻的，就是下不停的雨。低沉的雲層不斷飄落寒冷細雨，絲毫不讓陽光有露臉的機會。但是星期天早上，她把車停在醫院停車場後，某件奇怪的事情發生了。菲莉絲剛收到波士頓某個代禱團體傳來的簡訊說：「期待奇蹟吧。」就在她心想要等待什麼樣的奇蹟時，她扶著母親下車，兩人同時提起「雨停了」。東方天空的雲層後方射出陽光，照亮西邊美麗而古老的山稜，而上方原本灰暗的雲層，此時也出現金色雲彩。

接著，望向遠方山丘，與十一月中的陽光遙遙相對之處，升起一道彩虹。就在那裡。

一道完美的彩虹。

希薇亞跟荷莉、邦德一起開車到醫院，她們已經跟我的主治醫師史考特・韋德約好要見面。韋德醫師是我們的朋友，也是鄰居，他曾面對過許多生死交關的疾病與難題。我昏迷的時間越長，後半生變成植物人的機率就越高。考慮到就算他們繼續使用抗生素，我的身體還是有很高的機率會受到腦膜炎的攻擊，或許該是從理性角度思考，停止使用抗生素的時候——而不是繼續用在一個幾乎已經呈現終生昏迷的患者身上。因為任何治療方式對我的腦膜炎病情都無法產生作用，他們決定冒險一試，停止我的治療，就讓我以曾經是活生生、但現在卻毫無反應的軀體，在毫無生命品質的情況下，繼續活幾個月，或是數年。

「請坐。」韋德醫師對著希薇亞和荷莉說，親切的語氣中帶著明確的堅定。「布里南醫師和我分別曾與杜克大學醫院、維吉尼亞大學與鮑曼．葛雷醫學院的專家進行視訊電話討論，我必須告訴妳們，大家一致認為目前的情況並不樂觀。如果伊本在接下來的十二小時內，情況沒有改善的話，我們可能會建議終止抗生素治療。對於感染嚴重的細菌性腦膜炎患者來說，昏迷一週已經很難再有恢復的可能性。基於上述考量，或許讓一切順其自然會比較好。」

「可是，我昨天有看到他眼皮動了，」荷莉表示反對，「真的，他的眼皮動了！就好像他努力要睜開眼睛。我很確定我看到了。」

「這一點我不會懷疑，」韋德醫師說，「他的白血球數量也下降了。這是好消息，而且我也希望如此。但是妳必須從全面性的角度來看事情。伊本的鎮定劑用量明顯減少，所以到目前為止，他的神經活動應該要比現在的情況更活躍。他大腦的下半區是有發揮部分功能，但我們所需的高等功能，目前還是毫無動靜。對於大部分的昏迷患者而言，經過一段昏迷時間後，身體有某種程度上的反應也算正常。他們的身體會做些像是即將清醒的動作，但其實不然，這純粹只是腦幹進入睜眼昏迷狀態，這種情況可能維持幾個月，甚至幾年。最常見的就是眼皮跳動。我必須要再次強調，對於一個因為細菌性腦膜炎而陷入昏迷的人來說，七天已經算很久了。」

韋德醫師以十分婉轉的言詞，傳遞用一句話就能完整表達的訊息——該是時候讓我的身體死亡了。

23. 六張臉龐

越往下降，越多臉龐在混亂之中浮現，就如同我在蚯蚓之境時往下沉的情況一樣。但這次所看到的臉，好像有哪裡不一樣。那是人類的臉，不是動物的。

而且他們很清楚在說些事情。

但我無法知道他們在說什麼。這有點像是老查理・布朗的卡通，當大人在說話時，你聽見的全是難懂的聲音。事後回想起來，我發現自己其實可以認出其中的六張臉。是希薇亞、荷莉和她妹妹沛姬，還有史考特・韋德和蘇珊・雷吉斯。在這些人之中，蘇珊是唯一沒有在最後的時刻，親身出現在我病床邊的人。但是，她也用她的方式出現在我的身邊；因為那一晚，還有前一晚，她都坐在自己的家中，以意識與我同在。

想到這些事情之後，我心裡感到納悶：我為什麼沒看到整個禮拜都守在我身邊、握住我的手的母親貝蒂與姊妹們。母親的腳因為壓力性骨折，必須使用助行器移動，但她也堅持要守著我。菲莉絲、貝西和珍也都在那裡。接著我想到，他們最後一晚並不在我的床邊。我看到的那些人，是在我昏迷第七天早上或前一天晚上有出現在我病房裡的人。

我要再一次說明，當時因為我正處於下降狀態，我既不知道這些人的名字，也不知道他們的身分。我只知道，或是感覺到，他們在某種程度上對我而言很重要。

還有一股特殊的力量，拉著我朝它移動。那股力量開始拖著我，在下降顛簸之中，彷彿在回應周圍的雲層與禱告中的天使生物，我驚覺在天堂之路與核心處的生物——似乎是我始終熟悉、所愛——但卻不是我唯一認識的生物。我同樣也認識、愛著下方世界的生物，而我正快速朝他們落下。那是全然被我遺忘的生物。

這樣的念頭一直繞著那六張臉揮之不去，尤其是第六張臉，看起來如此熟悉。我心中為之一驚，意識到不管是誰，那是一個需要我的生物。如果我離開了，它心中的缺憾將永遠無法彌補。如果我拋下它，那將會是一種令人無法忍受的失落感——就像我看到通往天堂道路關閉時的感覺。那是一種我做不到的背叛。

直到那一刻，我自由了。我幾乎是以最具探險的方式進行世界的探索之旅：不用掛心他人的命運。結果也不盡然重要，因為即便在核心世界，也不用擔心或感到愧疚是否會讓任何人失望。當然，那是我跟蝴蝶翅膀上的女孩所學到的第一件事情，當時就曾說過：「你不會做錯任何事情。」

但現在不同了，而且是大不相同，因為在整趟旅程中，這是我第一次感受到明顯的驚恐。這股驚恐不是為我自己，而是為了這些臉龐——尤其是第六張臉。一張我認不出來的臉，但我知道那個人對我至關重要。

仔細看看那張臉，至少最後我終於看出那是一個「他」，在懇切祈禱我的重返：冒著可怕的下降過程，回到下面的世界，重新跟他在一起。我還是無法了解他說了什麼，但感覺上他們傳達出的訊息，是在下面世界的我有危險——他們的意思是：「我快被打敗了。」

這關係到我的重返。我跟此處有牽繫——是我有責任的對象。隨著那張臉變得越清晰，我心裡也越清楚。拉近距離之後，我認出這張臉。

那是一張小男孩的臉。

24. 宛如新生兒甦醒

在坐下與韋德醫師談話前，荷莉要邦德在門外等候，因為她不想讓他聽到自己心中害怕的噩耗。但邦德察覺到這一點，便在門邊徘徊，聽到韋德醫師說的部分內容。而這片段內容就足以讓他了解真實情況。了解到他的父親基本上已經不會回來了。永遠。

邦德衝進房裡，跳上我的病床。淚水爬滿了他的小臉，他吻著我的額頭，摸著我的肩膀。接著他拉開我的眼皮，直接對著空洞失焦的眼球說：「你會沒事的，爹地。你會好起來的。」他一遍又一遍、不斷重複地說著，以他孩童的方式，相信只要他說得夠多次，願望就能成真。

同時，在走廊底端的會議室裡，荷莉凝視空中，想要釐清韋德醫師話中的含義。

最後，她說：「我想，那應該是指……我該打電話給在學校的伊本，要他回來一趟吧。」

韋德醫師對這個問題不做多想便回答：「是的，我想這樣比較好。」

荷莉走到會議室的觀景窗前，看著外頭經過暴風雨洗滌、恢復明亮的維吉尼亞山脈，她拿出手機，按下伊本的電話號碼。

在她這麼做的同時，希薇亞從椅子上站起來。

「荷莉，等一下，」她說，「讓我再進去看他一次。」

希薇亞走進加護病房，站在邦德和病床旁，邦德正默默摸著我的手。希薇亞將手放在我的手臂上，輕輕地撫摸。已經過了整整一週，我的頭部也開始微微往旁邊傾斜。一整個禮拜下來，大家都曾盯著我的臉看，但並沒有看透真正的我。我眼睛會張開的時刻，就是醫生檢查瞳孔對光線的放大反應（這是檢查腦幹功能最簡單、也最有效的方法），要不然就是當荷莉或邦德不顧醫生一再的指示，堅持要翻開我的眼皮，然後看到兩顆無神歪斜的眼珠，看起來有如壞掉的玩偶。

但現在，當希薇亞和邦德看著我毫無反應的臉，堅持拒絕接受剛剛醫生所提議的事情時，某件事情發生了。

我睜開了眼睛。

希薇亞尖叫出聲。她事後告訴我，緊接著發生的事情，其驚嚇程度僅次於我睜開眼睛的那一瞬間——就是我的眼珠子開始轉動。上、下、左、右……那種動作讓她想起的是一個新生兒，一個剛來到世界的寶寶，觀察周圍環境，迎接嶄新的一切——而不是一個昏迷七天後剛醒來的成人。

某種程度上來說，她的形容是正確的。

希薇亞從驚嚇中恢復後，意識到我對某樣東西反應激動。她衝到荷莉在講電話的會議室，荷莉正站在大片的觀景窗前，跟伊本四世講電話。

「荷莉……荷莉！」希薇亞放聲大喊，「他醒了，醒來了啊！告訴伊本，他父親回來了。」

荷莉盯著希薇亞。「伊本，」她對著電話說，「我晚點打給你。他……你父親……清醒了！」

荷莉移動腳步，衝進加護病房，韋德醫師緊跟在後。可以肯定的是，我在床上扭動。但並非無意識的動作，而是因為我恢復意識，而且某個東西很清楚困擾著我。韋德醫師很快地發現原因：是插在我喉嚨中的呼吸管。我不再需要呼吸管了，因為我的大腦，還有身體的其他部位，剛剛全都恢復正常運作了。他伸出手，撕開固定膠帶，小心翼翼地抽出呼吸管。

我稍稍哽住無法呼吸，接著深深吸入七天以來、不需透過機器協助的第一口空氣，也說出七天以來的第一句話：

「謝謝你。」

菲莉絲走出電梯時，還在想著剛剛看到的彩虹。她推著母親的輪椅，進入病房裡，差點因為不敢置信而往後退。

我從床上坐起，對上每個人的眼神。貝西在一旁蹦蹦跳跳。大家都哭了。菲莉絲上前靠近我，直盯著我的眼睛瞧。

我也看著她，然後看著周圍的每一個人。

我深愛的家人與照顧我的親友都圍在床邊，還是不敢相信這無法解釋的轉變。我臉上帶著平靜、充滿喜悅的笑容。

「沒事了。」我說，將這喜樂的訊息，透過口語文字傳遞到每個人的心中。我深深看著在場的每一個人，體認到每一個人的存在都是神聖的奇蹟。

「別擔心……一切都沒事了。」我又說了一遍，希望能化減眾人的擔憂。

菲莉絲事後告訴我，我像是從另一個空間傳遞出重要的訊息，像是要告訴大家沒什麼好害怕的。她說，每當她為生活中某些事情煩惱時，總會想起那一刻——藉此尋求安慰，知道自己永遠不是孤單的。

我看著身邊的這群人，心想，我應該是回到人世間了。

「你們，在這裡做什麼？」我對著聚在房裡的人問。

而菲莉絲回答：「那你又在這裡做什麼？」

25. 返回之後

邦德一直期盼著他的老爸能趕快醒來，看看四周，而且只需花一點時間適應，就能變回以前他所熟悉的父親。

然而，他很快就發現事情沒有想像中容易。韋德醫師事前已經提醒過邦德兩件事情：第一點，不要相信我記得的事情與說過的話，因為我才剛從昏迷狀態清醒。他解釋說，因為處理記憶需要極大的腦力，而我的大腦還沒準備好執行如此複雜的工作。第二點，他不必擔心我剛醒來這幾天的情況，因為很多事情看起來會很瘋狂。

這兩點他都說對了。

醒來後的第一個早晨，邦德很得意地向我展示那張他和伊本四世一起畫下的白血球攻擊大腸桿菌圖片。

「哇，太厲害了。」我說。

邦德臉上散發出驕傲與興奮的神情。

我接著說：「那外面的情況是怎樣呢？電腦讀出來的數據是什麼？你得移開點，我準備要跳囉！」

邦德的臉當場垮下來。不用說，這可不是他期待、完全復原後的父親。

我當時還有些瘋狂的錯覺，彷彿重新經歷人生中過去最刺激的時光，而且這些畫面栩栩如生。

在我腦中，我是準備在三英里的高空上，從飛機一躍而下……準備當最後一個跳下的人，那是我最喜歡的位置，是讓身體飛行的極致境界。

機門外是一片耀眼的陽光，我迅速將手背在後方，一頭俯衝向下（在我心裡），在落下的同時，感受迎面而來、熟悉的強風，頭下腳上的看著大型銀色飛機在天際飛行，其龐大的螺旋槳慢速緩緩轉動，機腹反射出下方的地面與雲層。我看著倒過來的機翼與輪胎，玩味地想著（如果飛機落地）的畫面，而此時離地面還有幾英里之遙（對興奮的跳傘者而言，在空中的一切速度都會變慢，迎面而來的風力也變小了）。

我緊緊將手背在後方，以頭下腳上的姿勢、每小時超過兩百二十英里的速度向下俯衝，身上只能以藍色斑點的安全帽和我的肩膀來抵抗上空的稀薄空氣、緩衝底下巨大世界的引力，每秒移動的範圍有如足球場的長度，風在耳邊呼嘯而過，比任何聲音還大。

我迅速衝入雲縫之中，通過兩團白雲之間，看見底下的綠地與深藍色海洋，我興奮地想趕快加入夥伴的行列，隨著其他跳傘者的加入，我隱約看見下方彩色的雪片隊形，下方遠處的畫面，每秒都在放大。

在加護病房期間，我的心智不斷在病房與興奮的跳傘幻覺間來回。我在正常與不正常之間徘徊——而且比較接近不正常的狀態。

有整整兩天，我喋喋不休地說些關於跳傘、飛機和網路的事情。由於大腦逐漸恢復功能，我開始進入一種奇怪且令他人精疲力竭的偏執境界。有個背景醜陋的「網路訊息」畫面十分困擾我，只要我一閉上眼睛，這個畫面就會出現；有時甚至連我睜開眼睛，該畫面就出現在天花板上。當我閉上眼睛，我會聽見刺耳、單調、毫無優美旋律可言的詠唱聲，但只要我一張開眼，聲音便會消失。我不斷以手指在空中比劃，像外星人一樣指著空氣，試圖讓這網路的滴答聲從我身旁流過，畫面有時還會出現俄文、中文。

簡單來說，我有點小發瘋。

有點像在蚯蚓之境的感覺，只是更可怕，因為我聽見、看見的一切，都與我被困住的過去有關（我能認出家人，就像荷莉，但我不記得他們的名字）。但在同一時間，關於天堂之路與核心處的一切卻又無比清晰。我肯定是回到自己的大腦裡了。

雖然在我睜開眼睛時，看起來十分清醒，但我很快又失去昏迷前的記憶。我唯一記得的是剛才去過哪裡：大略來說，就是醜醜的蚯蚓之境、如田園般的天堂之路，以及如天堂般神奇的核心世界。我的心智——真正的自我——又縮回到狹小有限的身體之中，受到線性時空和語言的限制。一週前，我以為存在只有一種模式，但現在看來卻有無限的可能。

有形的生命具有防衛能力，而靈魂生命則恰好相反。為什麼我重返世間會產生如此強烈的偏執現象，我能想到的只有一個解釋原因。有好一段時間，我深信荷莉（我當時不知道她的名字，但認得她是我妻子）及醫生們想殺了我。我還不斷作夢、幻想自己在飛行或跳傘——有些夢境很長、很逼真。在最長、最緊張，也是最清楚到可笑的一次，是我以為自己在南佛羅里達癌症臨床中心的室外手扶梯上，被荷莉和兩名南佛羅里達州的警察追捕，後面還有一對亞洲忍者攝影師拉著滑輪在追我。

事實上，我正經歷所謂的「加護病房症候群」狀態。對於大腦經過一段時間停止運作，剛恢復功能之際，這種現象非常正常，甚至是可預期的。我曾在患者身上看過許多次這種現象，但卻沒親身經歷過。親身經歷之後，感覺大不相同。

現在回想起來，這些惡夢跟偏執的幻覺最有趣的一點就是：幻想。有一部分的幻覺非常逼真，尤其是在南佛羅里達州被忍者追趕那一段，甚至可以感受到恐懼。但回想起來，就在夢境結束的當下，一切變得很清楚：這是受困的大腦試圖復原而編造出來的產物。在這段期間的夢境，有些非常驚人，甚至逼真的恐怖。但最終，這些夢境跟我在昏迷期間的真實經歷相較之下，真的截然不同。

至於我不斷想起的火箭、飛機、跳傘等主題，我事後想想，從象徵的角度來看，其實也算合理。因為事實上，我的確是從遠處在做一個危險的重返動作，回到曾經被我拋下、但現在重新運作的大腦之中。應該很難找到比火箭發射更能貼切形容我離開身體一週的情況吧。

26. 尚未完全復原

剛清醒的前幾天，我的行為舉止十分怪異，邦德並非是唯一感到難以接受的人。在我恢復意識的隔天，也就是星期一，菲莉絲透過電腦的視訊軟體，跟伊本四世連線。

「伊本，你爸爸在這裡。」她說，並將攝影鏡頭轉向我。

「嗨，爸！還好嗎？」他開心地說。

有一度，我只是盯著電腦螢幕發笑。後來我終於開口時，伊本四世整個人傻住了，因為我說話有困難，速度緩慢，說出口的文字也毫無意義。伊本四世後來告訴我：「你聽起來就像殭屍在說話，整個人像中邪似的。」可憐的伊本四世，他沒有事先被告知我有可能暫時變成加護病房的精神病患。

我的妄想症狀後來漸漸減輕，說話與思維內容也越來越清楚。醒來兩天後，我被轉到神經科學觀察病房。護士提供折疊床給菲莉絲和貝西，讓她們睡在我旁邊。

我只信任她們兩人——因為她們帶給我安全感，是我與新生活的繫鏈。

那幾天唯一的問題，就是我不睡覺，而且我整晚也不讓她們睡覺，一直說著網路、太空站、俄羅斯雙面間諜等讓人摸不著頭緒的話題。菲莉絲試圖說服護士相信我有咳嗽症狀，希望能藉由咳嗽藥水讓我至少可以連續睡一小時以上。當時，我就像個睡覺時間不規律的新生兒。

在我稍稍靜下來後，菲莉絲和貝西想辦法慢慢把我拉回現實。她們說著我們小時候聽過的各種故事，不過整體來說，我還是像第一次聽到這些故事時，深深為之著迷。她們說得越多，我心裡也有某種重要的東西蠢蠢欲動——事實上，我是意識到自己曾親身經歷這些情景。

很快地，兩個妹妹後來告訴我，那個他們熟悉的大哥，終於從偏執叨絮的言論濃霧中走出來了。

「真的很神奇，」貝西事後說，「你才剛從昏迷中醒來，還沒完全清楚自己身在何處或發生什麼事情，你大半的時間都在說一些很奇怪的話，不過你的幽默感一點也沒變。很明顯那就是你。你回來了！」

「你最先做的其中一件事情，就是鬧了一個吃東西的笑話。」菲莉絲透露，「我們本來打算一口一口慢慢餵你吃東西，但你不肯，結果自己一口把柳橙果凍塞進嘴巴吃掉。」

隨著暫時停擺的大腦恢復機能，我開始可以觀察自己的言行舉止，而且感到驚訝：那東西究竟是從何而來？早先，林奇堡的友人潔姬來訪。我和荷莉是因為買下他們的房子，才認識她與她的先生榮恩。根本也不用想該怎麼做，一看到潔姬，在我心中根深柢固的南方社會家庭概念機制立即啟動，馬上開口問她：「榮恩最近好嗎？」

又過了幾天之後，我開始會跟訪客有些思緒清楚的對話，這種自動修復連結的功能真的很神奇，好像也不需要我自己努力做些什麼。就像處於自動駕駛狀態的噴射機，我的大腦開始與過去熟悉的經驗打交道。我由此看到了第一手的證據，那是我身為神經外科醫生多年以來，再清楚不過的一件事情：大腦的構造真是太神奇了。

當然，大家心中（包括我自己意識更清楚之後）說不出口的疑問是：我能復原到什麼程度？我是真的痊癒了？還是大腸桿菌有如醫生預期般對我造成某種程度的傷害？這個問題每天折磨著大家，尤其是荷莉，她很怕這一切的奇蹟會瞬間消失，而她只能保有一部分曾經認識的「我」。

不過，隨著一天天過去，越來越多的「我」回來了。語言、記憶、辨識能力，還有大家熟悉的惡作劇也回來了。當我的兩個妹妹還在慶幸看到我的幽默感時，卻還沒準備好我何時會發揮這能力。星期一下午，菲莉絲輕摸我的額頭，我突然彈起來。

「噢……」我驚呼，「好痛！」

接著，享受完大家驚恐的表情後，我說：「開玩笑的啦。」

每個人都很訝異我恢復的速度之快——除了我以外。對於自己究竟曾經離死亡多近，我毫無頭緒。現在，親友們一個個回到原本的生活軌道，我希望他們幸福平安，不必經歷這樣的災難。我因為太高興了，高興到評估我復健程度的神經科醫生認為我「高興過頭了」，可能是大腦有受到傷害。這個醫生就跟我一樣，會固定打領結。所以在他離開病房之後，為了回報他的診斷，我告訴妹妹，說他「可能是打領結打傻了」。

即便如此，我知道身邊越來越多人都接受了事實。不管是醫生或非醫生的看法，都認為我沒有生病，大腦也沒受傷。我已經完全好了。

事實上，到此刻為止，只有我自己知道——這是我人生中，第一次完全感覺到真的「好了」。

27. 科學界朋友不相信我說的

「真的好了」——雖然還有復健工作等著我。搬到復健病房後的某一天，我打電話給在學校的伊本四世。他提到自己正在寫一份神經科學課的報告，我表達自願幫他，但很快就後悔了。因為要專注在某個主題上，比我想像中還困難許多，而且我以為已經完全恢復的專業辭彙，要用時卻怎麼都想不起來。我很驚訝發現到，自己離完全復原還有很長一段路要走。

不過那部分的記憶也一點一滴回來了。我每天早上醒來，都會發現自己在科學與醫學方面的知識，比前一天多記得一些。這是我這段經驗中，最奇怪的事情之一：每天早上睜開眼睛，過去的知識與工作經驗，慢慢回來了。

我身為神經科學家的知識，是一點一滴回到腦海中；而離開身體那段時間的記憶，卻無比清晰地烙印在記憶裡。我是帶著離開人世期間所發生的喜悅而醒來，而這從天而降的喜悅依舊緊跟著我。我高興到有點發狂，因為我又回到所愛的人身邊。但我的快樂也是因為——我盡量說白一點——我第一次知道自己的本質，以及我們居住世界的真實樣貌。

我迫不及待想跟大家分享這些經驗，尤其是跟醫生同事們。畢竟，我所經歷的事情，改變我長期以來對大腦的信念，改變對意識的看法，甚至改變對生命意義的正反面看法。有誰會不想聽聽我的發現呢？

結果，不想的人還不少，尤其大部分都是具有醫學背景的人。

沒錯，我的醫生都替我感到高興。「那太棒了，伊本。」他們會這麼回答，就跟以前許多病人試圖跟我分享他們在手術過程中，歷經另一個世界的經驗時，我回應過無數次的答案一樣。「你當時病得很重，大腦裡有太多膿水。我們真不敢相信你現在會說這種事情。你自己清楚，在那種情況下，大腦會發生什麼現象。」

簡單來說，他們無法接受我急著想分享的事情。

但在那當下，我又怎麼能怪他們呢？畢竟，之前的我，肯定也不信。

28. 想把經歷告訴全世界

我在二〇〇八年十一月二十五日出院回家，回到充滿感恩之情的家，那天正好是感恩節的前兩天。伊本四世連夜開車回來，打算隔天一早給我驚喜。上次他見到我時，我還陷入昏迷狀態，現在他還有點不敢相信我已經完全清醒了。他因為太興奮，開車經過林奇堡北邊的納爾遜縣時，被開了一張超速罰單。

我已經醒來數小時，待在鋪著木質地板、舒適的書房裡，坐在火爐旁的休閒椅上，回想這段時間經歷的一切。伊本在清晨六點左右進門。我站起來，給他一個大大的擁抱。他愣住了。上次在醫院跟他視訊時，我幾乎連一句完整的話都說不出來。而現在，我除了較為削瘦、手臂上還打著點滴之外，已經完全恢復人生中最喜愛的角色──做伊本和邦德的父親。

好吧，是差不多一樣。伊本也察覺到我似乎有哪裡不同。事後，伊本說那天一看到我時，他立刻就感受到我的「存在」。

「你當時是如此清晰、是焦點所在，」他說，「就好像身上散發著某種光芒。」

我等不及要跟他分享我的想法。

「我迫不及待想閱讀所有關於這一切的書籍，」我告訴他，「這一切都非常真實，伊本，簡直真實到令人難以置信，希望這麼說，你能明白。我想為了其他的神經科學家，把這段經歷寫下來。我也想看看其他瀕死患者或有類似經驗的人怎麼說。我真不敢相信，以前我從沒把這種事情當一回事，也不聽病患的瀕死經歷。我甚至對這類文獻完全不感興趣。」

伊本一開始什麼也沒說，但很明顯，他在思考該如何向父親提出建議。他坐在我對面，鼓勵我正視一件顯而易見的事實。

「爸，我相信你，」他說，「但你想想，如果你希望這對別人而言是有價值的話，那你就不該去看別人的書怎麼說。」

「那我應該怎麼做？」我問。

「寫下來，把所有事情寫下來——所有的記憶，把你記得的全部照實陳述。但千萬不要去看其他人瀕死體驗的書籍和文章，或是物理學、宇宙論那類書，在你還沒把經歷寫完之前都別看。也別告訴媽媽或其他人，在你昏迷期間到底發生什麼事——至少要盡量避免。這些你現在想做的事情，可以等到事後再做，好嗎？想想你以前是怎麼告訴我的，要先觀察，然後才詮釋。如果你希望自己的經歷具有科學價值，那麼在你開始將自己的經驗與他人做比較之前，你得先詳實記載你的經驗。」

或許，這是我得到最睿智的建議——所以我照做了。伊本是對的，因為我遠超過一切的真心希望，能以自己的經歷來幫助他人。隨著我的科學心智重新出現，我越清楚過去數十年來在學校、在醫療工作中的認知，與過去七天的經驗，是多麼極端的衝突；而我也更明白，心智與人性（有人稱為靈魂或精神）在脫離身體以後，還能繼續存在。我必須把我的故事告訴全世界。

接下來的六週，我大部分的作息都一樣。我會在凌晨兩點或兩點半時起床，感到狂喜且充滿精神，只因為我還活著，還能下床。我點亮工作區的燭火，坐在老皮椅上開始寫作。我試圖回想在核心區域來來回回的點滴，以及在我學到生命的多貌性之後，心中的感想。

雖然「試圖」不算是意義最正確的字眼，那段記憶卻鮮明清楚地擺在那裡，擺在我離開之處。

29. 極度真實的另一個世界

人之所以受到愚弄，原因有二：一是相信非真實的事情，二是拒絕相信事實。

——齊克果（一八一三～一八五五）

在整個寫作過程中，有個詞似乎不斷重複出現——真實。

在昏迷之前，我從來就不知道，這個詞究竟有多虛惑。不論是在醫學院的求學過程中，抑或在學習生活常識的學校——也就是人生中，我學到的是，生活中的事情非真即假（所謂真，即像車禍、足球賽、擺在眼前桌上的三明治）。擔任神經外科醫生的這些年，我見過許多人產生幻覺的模樣。我以為自己知道經歷這類非真實的現象，會造成經歷者心中多大的恐慌；但我在加護病房陷入精神不穩定的那幾天，才算是親身經歷、體驗這種無比真實的夢魘。然而一旦事情過去後，我迅速意識到，這些所謂的夢魘幻覺，的確有其存在的原因：大腦迴路無法流通，進而激起神經細胞出現千變萬化的景象。

但是在陷入昏迷期間，我的大腦應該算是不曾出錯——因為它根本就不動了。醫學院多年的知識告訴我，我的大腦裡有一個區塊，是負責打造我的人生世界，透過感官擷取資料，並且創造出一個有意義的環境——而我腦中負責這部分工作的區塊，停擺、不動了。除此之外，我還活著，而且意識到、真的意識到，有一個世界充滿了愛、意識與真實（這個字又出現了）。對我來說，這個事實無庸置疑。我太清楚這一點，清楚到讓我心痛。

我所經歷的事情，比我現在所處的房屋還真實，比火爐中燃燒的木材更確切。只是這個事實，由我從事多年醫學領域的科學角度來看，還沒有存在的空間。

我該如何創造讓這兩件事實得以並存的空間？

30. 沉浸在瀕死體驗的文獻中

終於，我寫完了在蚯蚓之境、天堂之路與核心世界的所有印象紀錄。

接著，該是閱讀的時候了。我一頭栽進瀕死體驗的文獻書海之中，這是我之前從未涉獵分毫的領域。我很快發現到，從過去幾世紀到最近這些年來，我跟無數的人一樣，都有相同經驗。每個人的瀕死體驗不盡相同，但每個經驗都是獨特的——不過，相同的東西會一再出現，包括在我的經驗裡也出現許多類似的情形。敘述穿過黑暗通道或山谷，進入一處明亮且生動的地方——非常真實的畫面——這種說法可以追溯到古希臘或古埃及時期。

如天使般的生物——有些有翅膀，有些沒翅膀——的說法，最早至少可以追溯到古代近東時期，因為當時的人們相信這種生物是守護者，會觀察人類在世界上的一舉一動，並在人類離開人世間時，迎接我們的到來。而且會感覺到自己能同時看到全方位的事物，感覺到超越線性時間的範圍——基本上，是超越了人生中所認定的所有事情；聽見聖歌般的音樂如醍醐灌頂注入意識，而非單純傳入耳中；一般需要花很長時間學習理解的事情，在那個世界則能以直接且迅速的方式接收一切概念，不會有任何困難……以及深切感受到無條件的愛。

在現代的瀕死文獻，以及早期關於靈魂的作品中，我一次又一次發現到，敘事者往往都會遇到語言的障礙，因為要以人世間的語言來描述高等世界，就像是試圖用語言來釣起上鉤的魚，往往都會失敗。

還有，許多人嘗試描述到最後，都會因目標難以達成而沮喪，因為大家都受限於語言與概念，難以將心中所想的事情完整傳達給讀者。我可以了解敘事者想說的事情，以及他們想傳達無邊界的壯麗感畫面，但就是做不到。

沒錯、沒錯、沒錯！我在閱讀的過程中，經常這麼告訴自己。我懂這種感覺。

當然，這些書、這些資料，在我經歷此一經驗前就已經存在了。但我從沒讀過。不只沒閱讀過，也沒接觸過其他相關資訊。簡單來說，我從來就沒想過，在人的身體死後，還有某部分的我可以繼續存在。我之前是很典型的懷疑論醫生。所以，我能說的就是，許多懷疑論者根本就沒有真正去懷疑事情的真偽；因為真正的懷疑論者，必須要真正深入探究、檢視事情，而且必須嚴肅以待。但我就跟許多醫生一樣，從來不花時間去探索所謂的瀕死現象，因為，我「就是知道」那是不可能的事情。

我也看過自己在昏迷期間的醫療紀錄——從一開始就非常詳細的紀錄，並且像在看病患掃描結果般地詳細檢視所有資料。最後，我很清楚知道，自己的病是多麼神奇的一件事。

細菌性腦膜炎是一種相當特殊的疾病，一開始在攻擊大腦表層之餘，卻不會影響深層結構。該細菌一開始會有效破壞大腦中構成人類行為的功能，而最後致命的一擊，則是攻擊跟許多動物一樣、藏於構成人類行為區塊之下的「總管」結構。其他會破壞大腦皮質，造成意識喪失的情況，如頭部創傷、中風、腦出血或腦腫瘤——大腦皮質表層不會全面迅速受到破壞，該細菌通常只會破壞一部分的大腦皮質，讓其他部分毫髮無傷，還能正常執行功能。而細菌性腦膜炎破壞大腦皮質後，也會傷害到更深層、更原始的大腦部位。因此，如果有人想要模擬死亡，但又不想真的一去不回頭的話，細菌性腦膜炎可算是達到目的的最佳途徑。（不過，通常還是會死。遺憾的是，跟我一樣嚴重罹患細菌性腦膜炎的人，幾乎沒人能活下來與他人分享經歷。）（見附錄1）

雖然「瀕死體驗」歷史久遠（不管人們是將其經驗視為事實或無憑無據的幻想），但卻是一直到近年來，才變成一個家喻戶曉的名詞。一九六〇年代期間發展出的新技術，能使醫生救回心臟驟停患者的性命。心臟驟停這件事，如果是發生在以前的人身上，就只有死亡一途，但現在通常都能救回來。醫生不知道的是，在急救過程中，他們為患者製造了一場跨世界之旅；而曾經一窺面紗後方神秘世界的人，也在重返人世後，將經歷與大家分享。

今日，有此經驗的人數以百萬計。在一九七五年，一名醫學院學生雷蒙．穆迪發表了《死後的世界》一書，書中他提到喬治．瑞奇的個人經驗。瑞奇因為肺炎併發症導致心臟驟停而「死」，離開了身體九分鐘。他經過一條通道，拜訪了如天堂與地獄等不同地方，見到一個發光的生物，他認出那是耶穌，並且體驗到高度平靜與康樂，那是一種他無法訴諸文字的感覺。現今瀕死體驗的年代從此而起。

我不能說自己從未注意到穆迪的書，但我肯定沒翻開閱讀過它。我沒必要讀它，因為我知道，所謂因心臟驟停而產生某種接近死亡的症狀根本是胡扯。許多與瀕死體驗相關的文獻都注意到，病患的心跳曾經停止數分鐘——通常是在發生意外之後或在手術檯上。因為心臟驟停而死的說法，在五十年前就已經過時了。許多外行人認為，如果某人心臟驟停之後而清醒，這種人是已經「死過一遍」而重生；但醫學界很早之前就已經修正其定義為大腦中心的死亡，而非心臟的死亡（而腦死的標準，在一九六八年就有針對患者神經現象檢驗的重大發現）。心臟驟停所產生的死亡現象，只是會對大腦產生影響。心臟驟停的幾秒內，因為血液停止流入大腦，導致大部分的神經活動失調及失去意識。

半世紀以來，外科醫生常在心臟手術過程中，讓心跳停止數分鐘、甚至數小時之久，有時在神經外科的手術中，會使用心肺血管繞道術幫浦，有時會降低大腦溫度，使其在此壓力之下，能維持正常運作功能，所以不會有人因此發生腦死現象。就算一個人在街上心跳停止，也不見得會傷害大腦，只要四分鐘之內有人幫忙進行心肺復甦術，便能重新恢復心跳。儘管短暫失去意識，只要含氧血進入大腦，該大腦——與當事者——都能存活。

以前的我只需要知道這一點，連翻開穆迪的書都不必，就足以否定他所說內容的可信度。但現在，我翻開它，看著穆迪所提出的資料，加上我自己的親身經歷，讓我完全改觀了。至少，我不再懷疑這些案例中的人是否真的離開過軀體。這些跟我有類似離開軀體的經驗，簡單來說，真是令我太震撼了。

在我昏迷期間，大腦的原始部位——「總管」結構——功能大多正常。但大腦中負責人類活動的部位，每個醫生都說：那部分已經停止運作了。從掃瞄結果、儀器讀出數據，以及神經檢查結果——所有我在醫院期間的詳細紀錄，我很快發現到，我的情況基本上就是幾近無懈可擊的瀕死體驗，或許是現代醫療紀錄中最具說服力的案例之一。但我的案例真正要緊的，並非我個人的經驗，而是從醫學角度來看，這根本就是幻想，沒有爭議的空間。

要完整描述瀕死現象是一項挑戰，但要在一群拒絕相信此事的醫學專家面前描述更是困難。因為我從事神經科學研究，加上我個人的瀕死體驗，我現在有了絕佳的機會，想辦法讓大家樂於接受這件事情。

31. 從鬼門關前回來

接近死神的景象，看起來都很相似，都揭露了令人難忘的最後一刻，但唯有從死亡前回來的人，才能完整訴說一切。

——赫爾曼．梅爾維爾（一八一九～一八九一）

前幾週，不管我走到哪，大家看我的神情，就好像我剛從墳墓裡爬出來。我遇到一個在我剛被送進醫院時，曾經幫我會診的醫生。他跟我的治療過程並無直接關係，不過我被送到急診室的那天早上，很多事情他都看得清清楚楚。

「你怎麼可能還在這裡？」他問，這個問題應該是整個醫療界最想問我的基本問題。「你是伊本的雙胞胎兄弟，還是誰來著？」

我微笑著伸出手，堅定地與他握手，讓他知道真的是我。

雖然他說我有雙胞胎這件事情是在開玩笑，但這位醫生的確提到一個重點。不管從哪方面來看，我跟之前的確判若兩人，而且如果我做了自己告訴伊本四世我想做的事情——用我的經驗來幫助他人——那我必須以科學知識重新包裝瀕死體驗，將這兩個身分的我，巧妙地合而為一。

我想起幾年前曾經接過一通電話，是一名患者的母親蘇珊娜來電，那時我正在看當天稍晚要為另一名患者切除的腫瘤影像圖。蘇珊娜的已逝丈夫喬治，是我的一名腦部腫瘤患者。雖然我們竭盡所能，但他仍在就診後的一年半之內過世。現在，蘇珊娜的女兒也因為乳癌細胞轉移至大腦而病重，剩下不到幾個月的生命。當時並非接電話的好時機——我一心專注在眼前的影像上，滿腦子想著等一下該怎麼做，才能移除腫瘤且不會傷害周邊大腦組織。但我還是接起電話，聽蘇珊娜講話，因為我知道，她在想辦法——各種辦法——讓自己接受事實。

我始終相信，當你處在可能致死的疾病陰影之下，採用柔性的方式讓對方接受事實不失為一件好事。不讓臨終患者透過幻覺的安慰來接受死亡的可能性，就像不給病人開止痛藥一樣。這是一種很沉重的負擔，所以我得讓蘇珊娜說下去。

「醫生，」蘇珊娜說，「我女兒作了一個很神奇的夢。她的父親來找她，告訴她一切都會沒事的，要她別擔心死亡。」

這種事情，我從患者身上已經聽過無數次了——這種情況能安撫患者痛苦的情形。我告訴她，這聽起來就是一個很棒的夢。

「醫生，但最神奇的是他的穿著。他穿著一件黃襯衫，還戴著一頂軟呢帽！」

「蘇珊娜，」我用很自然的語氣說，「我猜在天堂應該沒有穿著規定。」

「不，」蘇珊娜說，「不是這樣的。在我們剛交往、第一次約會的時候，我送給喬治一件黃襯衫。他非常喜歡穿那件襯衫，搭配一頂軟呢帽，那頂帽子也是我送給他的。但是襯衫和帽子在我們去度蜜月的時候，因為行李遺失也跟著不見了。他當時就知道我有多麼愛他那樣的打扮，但我們從未另外找新的襯衫跟帽子來取代那兩件東西的意義。」

「蘇珊娜，我想，克莉絲蒂娜肯定是聽過許多有關那件襯衫和帽子的美好故事，」我說，「還有許多早期你們在一起的……」

「不，」她笑著說，「這就是最神奇的地方。這是我們的小秘密，我們知道這在別人耳中聽起來會覺得很可笑。在襯衫跟帽子遺失之後，我們就再也沒提起過這件事了，所以克莉絲蒂娜也不可能偶然聽見我們提起。克莉絲蒂娜非常害怕死亡，但現在她知道她不必害怕，沒什麼好怕的。」

在我閱讀的過程中，我發現當時蘇珊娜告訴我的事情，正是時常發生的夢境確認現象。但我在接電話的當時，並沒有體驗過瀕死體驗，所以我很明確認為，蘇珊娜所說的事情，不過是因為悲傷而引起的幻覺罷了。在我從醫期間，我治療過許多陷入昏迷或在手術期間，經歷過不尋常經驗的患者。當時只要有人述說像蘇珊娜形容的不尋常經驗時，我總是同情以對。而我也相信這些經驗是真實發生過——發生在他們心裡。大腦是人類最精密、也是最難以捉摸的器官。修復大腦周邊組織、透過調整托（torr，壓力單位）降低氧氣量，大腦的主人就可以準備改變現狀。或者，更準確來說，是改變個人的真實經歷。對大腦疾病患者用藥或是任何的腦外創傷，你應該都可以想見，該患者在清醒後的記憶可能會變得不尋常。伴隨著大腦受到致命細菌性感染，以及在改變心智的藥物影響下，任何事情都有可能發生。任何事情——除了在我昏迷期間極度真實的經歷以外。

我突然驚覺（就像你突然看到某樣明顯的事情），那天蘇珊娜的來電並非尋求安慰，而是試著要來安慰我。但我卻沒發現這一點。我一直以為我是以自己的方式在安慰她、假裝相信她的故事來轉移她的注意力，但原來不是這樣。現在回想那段對話，以及許多類似的對話內容，我意識到，如果我想要說服醫生同事相信我所經歷的事情是真實的話，眼前顯然是條漫漫長路了。

32. 從醫生的角度說出自身故事

我認為人類的奧秘深受科學還原論的貶低，以既定的唯物主義解釋靈性世界的一切、解釋所有神經元的活動現象。這種作法也是一種迷信……我們必須認清，人類是靈魂生物，其靈魂存在於靈性世界；人類同時也是物質生物，藉著大腦與軀體，存在於物質世界之中。

——約翰．埃寇爾斯爵士（一九〇三～一九九七）

提到瀕死體驗，人們的反應基本上可以分為三類。第一種是相信他人親身經歷過瀕死體驗，或者純粹願意接受這類經驗。當然，也有第二種人，堅持不相信（就像以前的我）。然而，也不全然能以「不相信」來形容這類人。對他們而言，純粹就是「知道」意識是由大腦產生，而且無法接受身體以外尚有意識存在的瘋狂念頭（除非他們只是出於善意想安慰他人，就像那天我對蘇珊娜的反應一樣）。

而第三種人，便是介於上述兩者之間：閱讀過瀕死現象的資料——因為這類題材太過普遍；或者有親友曾經親身經歷過。我的故事可以幫助的對象，正是這種介於中間的人。但是當一個人願意敞開心房，傾聽有關瀕死體驗，並且尋求醫生或科學家——社會中對於判斷事情是真是假的守門員——的看法時，往往會被溫和但堅定的告知，所謂瀕死現象是幻覺——是大腦掙扎求生的反應，如此而已。

但親身經歷過的醫生如我，則有不同的看法。隨著我擴大思考範圍，我就越發感到有責任必須這麼做。

我檢視同事所提出的每一個建議，以及早期的我，對此瀕死現象的「解釋」方式（詳細資料請見附錄2，神經科學假設的摘要）。

我的經歷是不是原始的腦幹功能為了緩和臨終痛苦而製造的現象？可能像是低度演化的哺乳類動物在無路可退的情況下，所採取的「裝死」策略？我一開始就直接排除這一可能性。很簡單，因為我的經歷與大腦精密的視覺、聽覺功能無關，且大腦接收意義的高層次功能，也不過就是爬蟲類腦的產物罷了。

是大腦掌管情緒接收的邊緣系統深層發生記憶失序嗎？同樣不可能——沒有大腦皮質運作，邊緣系統無法產生我所經歷過、清楚且有邏輯的影像。

有沒有可能是因為施打在我身上的許多藥物而產生幻覺影響？同樣的答案，這些藥物都必須靠大腦皮質接收，而沒有大腦皮質運作的前提下，這些藥物也沒有發揮影響的空間。

快速眼動期的刺激呢？這是一種併發症狀（與「眼球快速移動」或快速眼動睡眠相關，是產生夢境的階段），即自然的神經傳導素現象，如血清素與大腦皮質的接收器產生互動。很抱歉，快速眼動期的刺激需要大腦皮質發揮作用才有可能產生，而我不具備此一條件。

還有一種假設現象，稱為「二甲基色胺傾卸」。在這種情況下，大腦受到威脅壓力，進而產生反應的松果體會釋放出二甲基色胺（簡稱DMT）的物質。二甲基色胺的結構跟血清素類似，會使患者產生高度幻覺現象。我個人至今並沒有關於二甲基色胺的經驗，但我對二甲基色胺會產生高度幻覺現象的說法則不予置評；或許這涉及到我們對「意識」與「真實」的定義為何。

然而，腦中的二甲基色胺會影響（大腦皮質）的事實在我身上也無法套用。因此要「解釋」發生在我身上的現象，「二甲基色胺傾卸」跟其他的可能解釋一樣都說不通，主要原因都一樣。迷幻劑會影響大腦皮質，而我的大腦皮質已經無法受影響了。

最後一種可能，是所謂的「再啟動現象」，或許可以解釋我的經驗。這是將大腦皮質完全停擺前的記憶與思緒全部湊在一起。就像在系統當機之後，電腦重新開機，看看還能救回多少資料，我的大腦就是在盡力拼湊殘存的記憶。經過漫長的系統失效（我的腦膜炎擴散），當大腦皮質重新恢復功能、恢復意識之後，上述現象就有可能發生。但如此精密的記憶重組，實在是令人難以想像。因為我在靈性世界所經歷的一切如此真實，且並非以自然的線性時間方式進行，我現在終於知道，為什麼許多有關靈魂現象的描述看似失序，甚至從世俗的觀點來看，是如此的不科學。在上方的世界裡，時間的進行方式與人世間不同。在上面的世界裡，事情也不全然是一件接一件依序發生。在那裡，瞬間可能是永恆，永恆也可能是瞬間。另一個世界的時間進行方式跟一般不同（以人世的標準），不代表一切會變得混亂。回想起我在昏迷期間的一切記憶，以時間順序來說，我與人世間的連結，應該是在第四晚和第五晚時，蘇珊·雷吉斯透過意識與我互動，接著是在旅途最後出現的那六張臉。從時間上來看，有些人世間的事情，的確同步發生在我的旅途之中。你也許會說，這一切純粹是事後的推測之詞。

我越清楚情況，就越想透過現有的科學文獻尋求解釋曾經發生的現象，然後也越感文獻的不足。每一件事情——清楚到不可思議的視覺現象、思緒概念清晰如純淨流水——都指向是大腦上方區域的運作功能，而非下方區域。但我當時大腦上方區域已經無法運作了。

我讀越多關於瀕死體驗的「科學」解釋，越驚訝那些論點是如此明顯薄弱。我也開始懊惱，這些人就跟以前的「我」一樣；以前如果有人要我「解釋」瀕死體驗為何，我也只會含糊帶過罷了。

但一般人畢竟不是醫生，不太可能知道這些事情。如果我所經歷過的事情發生在其他人——任何人——身上，對當事人而言會是難以忘記的記憶。但這種事情畢竟發生在我身上了……好吧，如果說凡事發生「必有原因」，那我就有點不解了。如果是以前的我，肯定會覺得這種事情聽起來很古怪、很誇張。但當我把這些不太可能發生的細節拼湊起來後，尤其是在大腸桿菌腦膜炎吞噬掉我的大腦皮質，我卻能迅速且完全復原的話，我就不得不認真思考，或許發生這種事情，真的有其原因存在。

在這樣的情況下，我更覺得有責任要正確說出我的故事。

我一直都很驕傲，自己總是能跟上最新醫學文獻的腳步，並且貢獻所知。而我離開人世，進入另一個世界也算是新聞——醫學界的新聞。現在我回來了，我就不打算簡單帶過一切。從醫學角度來說，我的完全復原算是不可能發生的現象，是醫學奇蹟。但真正的故事是關於我所到之處，而我之所以有責任說明一切，不單只是因為我是科學家、是尊重科學方法的人，也因為我是從醫生、從治療者的角度來說故事。這一個真實的故事，它的療癒效果不亞於藥物作用。蘇珊娜知道這一點，所以那天她才打電話給我。而我也曾經歷過原生家庭回應所帶來的慰藉。發生在我身上的事情，也算是一種治療過程。所以，如果我不將這個經驗與大家分享，我又能算是哪種醫治者呢？

清醒約兩年後，我拜訪一位好友兼同事，他是世界頂尖神經科學研究單位的主任。我認識約翰（這不是他的本名）已經幾十年了，他是一個很棒的人，也是一流的科學家。

我告訴約翰在昏迷期間的靈魂之旅，他看起來很驚訝，並非驚訝我變得多瘋狂，而是他終於找到困惑已久的答案。

原來在一年前，約翰的父親在生病五年之後，已經接近人生終點。當時的他沒有行為能力，精神狀態錯亂，很痛苦，很想死。

「拜託你，」他的父親在臨終前求他，「給我一些藥，或什麼都好。我不能像這樣就離開。」

突然間，父親變得比過去兩年間還來得清醒，因為他提起關於他的一生以及家庭的深度對話。他接著轉移目光，開始躺在床上跟腳邊的空氣對話。在對話過程中，約翰發現父親是在跟已逝的母親（約翰的祖母）對話，他的母親在六十五年前就已經去世，當時約翰父親還只是個青少年。在約翰的一生中，父親很少提到他的母親，但當下卻是充滿喜悅的神情，生動地與她進行討論。約翰看不見祖母，但他很肯定，她的靈魂就在現場，等著迎接父親的靈魂回家。

幾分鐘之後，約翰的父親轉身看他，眼中的神情與先前截然不同。他帶著微笑，而且比記憶中的任何時刻都還平靜。

「爸，好好睡吧，」約翰發現自己脫口說出這句話，「放下一切，沒事的。」他的父親照做。閉上眼睛，臉上神情十分安詳。不久後便過世了。

約翰覺得，父親與過世祖母的相遇過程非常真實，但他不知該如何是好，因為身為醫生，他知道這種事情是「不可能」的。在許多精神錯亂的長者過世前，常常會發生心智異常清楚的現象，就像約翰看見父親的轉變（這是所謂的「臨終清醒」）。對此現象，神經科學並無提出任何解釋。聽到我的故事，似乎讓他得到一張渴望已久的許可證——允許他相信眼前看到的一切，知道一件深層且令人安慰的事實——永恆的靈魂是真實存在於物質世界之中，而且神性將會把靈魂帶往造物者所在之處，接受造物者無限的愛。

33. 上教堂的全新體會

人生有兩種生活方式。一是認為凡事無奇蹟，二是認為凡事皆奇蹟。

——亞伯特・愛因斯坦（一八七九～一九五五）

一直到二〇〇八年十二月，荷莉連哄帶拐要我一同參加降臨期第二主日禮拜，我才重新踏入教堂。當時的我身體很虛弱，身形削瘦，走路有些不穩。荷莉和我坐在前排。麥克爾・蘇利文負責主持當天禮拜，他上前問我是否願意點燃降臨圈的第二根蠟燭。我不想，但某個聲音要我無論如何上前去做。我起身，手扶著黃銅杆，意外輕鬆地大步走向教堂前方。

離開身體那段期間的記憶依舊生疏，而且教堂是我以前不願意來的地方。但我看到周圍的藝術品，聽見傳來的音樂，一切記憶都回來了。低沉的詩歌樂聲呼應著粗糙的蚯蚓之境。彩繪玻璃窗上的雲朵和天使，讓我想起通道的天國之美。一幅耶穌將麵包分給門徒的圖畫，讓我想起了核心世界的共享。當我想起在另一個世界感受到無私的愛時，我不禁打起寒顫。

至少，我已經知道宗教的本質，或者至少知道與何有關。我不只相信上帝，我還認識Om。就在我蹣跚走近聖餐檯領受聖餐時，臉頰上不禁滑落兩行淚水。

34. 意識之謎

如果真想成為真理的追求者，
一生中至少要有一次對凡事存疑的經驗，而且懷疑得越深越好。

——勒內・笛卡兒（一五九六～一六五〇）

兩個月之後，我的神經外科知識全部回到腦中。除了神奇重拾知識外（因為到目前為止，還沒有醫學研究可以解釋我的情況，為什麼大腦在遭受如大腸桿菌、革蘭氏陰性菌攻擊下還能完全復原），我也不斷思考過去四十年來，我所學到關於人類大腦的一切知識與經驗、關於宇宙，以及過去七天昏迷期間所發生的事情與現實狀況產生衝突的經過。在我陷入昏迷之前，我是一個在世界頂尖研究機構投入畢生心血的醫生，希望找出大腦與意識的連結關係。並非我不相信意識，我只是比大部分的人更清楚，這個神奇的機制，不太可能獨立存在。

一九二〇年代，物理學家維爾納．海森堡（與其他創立量子力學的科學家）發現了一件很奇怪的事情，且目前還沒有人能完全說明。他們在觀察次原子現象時發現，很難完全將觀察者（也就是進行該實驗的科學家）與觀察對象分離。在這個日復一日的世界中，大家很容易忽略這項事實。人類眼中的宇宙，是由許多個別物體所構成（桌子和椅子、人類與行星），而分離的物體偶爾會彼此互動，但本質上始終是保持分離狀態。然而，在次原子的層次裡，宇宙中所有分離的物體變成一種完整的幻象。在極微小的世界裡，每一個物質都是緊密相連。事實上，就整個世界來說，沒有所謂的「個別物體」，只有能量震動與能量關係罷了。

至此，雖然不是每個人都看得出來，但意思應該很明顯。如果要追求宇宙核心的真實性，就不能不使用意識概念。雖然有人認為意識是自然物理過程的產物，一點都不重要（跟我之前的想法一樣）；但其實，意識不但非常真實，而且是比世界上任何物質都更實在，幾乎是所有事物的根基。但這樣的看法並未達到科學家眼中所謂的真實標準。許多科學家曾經嘗試，但始終無法統一對「萬有理論」的看法，將量子力學的法則，透過相關理論，與意識結合。

自然宇宙中的所有物體皆由原子所構成。而原子是由質子、電子與中子所構成，而這些（同樣在二十世紀初由物理學家所發現）都屬於粒子。而粒子的構成物質是……好吧，坦白說，物理學家還沒發現。不過關於粒子，我們很清楚一件事情，那就是在宇宙深處的粒子是緊密相連的。

在我經歷另一個世界的存在之前，我知道現代科學概念的存在，但卻始終覺得有距離感。在我生活的世界裡——充滿車輛、房屋、手術檯、患者是否能活下去，部分原因取決於我的手術成功與否——次原子物理學的存在感非常薄弱且遙遠。或許是真的存在，但跟我日常生活中的現實無關。

但在我離開身體之後，我直接經歷這些事實。雖然我在天堂之路和核心世界時，不知道該用什麼詞彙形容，但現在，我可以很有自信地說，我當時真的是在「做科學」。這種科學研究需要仰賴一種可以在人類身上找到，也是最真實、最精密的工具：

意識。

我越探究，越確定我所發現的事情，並非只是有趣或戲劇化，而是具有科學性。取決於你跟誰談意識：有的人認為，在科學面前，意識是一個偉大之謎；也有人覺得，意識存在與否根本就不是什麼值得討論的問題。最令人意外的是，究竟有多少科學家選擇後者的解釋。對許多——或許是大部分——的科學家而言，意識根本就沒什麼好談的，因為意識不過是物理過程的副產品。許多科學家甚至更進一步表示，意識不只是其次，而且根本不真實。

然而，意識神經科學與心智哲學的研究人員就有不同看法。過去幾十年來，他們注意到「意識的難題」。雖然這一概念已提出多年，但是直到一九九六年，大衛・查馬斯在《意識之心》（David Chalmers, *The Conscious Mind*）一書中才真正加以定義。所謂的難題牽涉到意識經驗的存在性，可以歸納為以下幾個問題：

意識如何在人類大腦功能之外獨立運作？

意識與其連帶行為之關聯性？

意識感知世界與真實世界的關聯性？

正因難以找出答案，某些思想家便認為，這一切的答案都在「科學」可解釋的範圍之外。儘管答案落在科學解釋範圍之外，但絲毫沒有貶低意識現象之意——事實上，這正好說明意識在宇宙中，占有奧秘、深不可測的地位。

過去四百年來，由科學研究方法主導物理世界的優勢出現一個主要問題：我們已經與深層奧秘的存在中心——人類意識——失去聯繫。在早期宗教領域中，意識（透過不同的世界觀點，當時的人有不同的稱呼或表達方式）是眾人熟悉的現象，但在現代西方文化中，因為人類對現代科學與科技的迷戀程度日益加深，對意識的認知卻已消失。

雖然西方文明走向成功之路，但就存在的關鍵要素——人類靈魂——來看，社會也付出不少代價。高科技所帶來的陰暗面——當代戰爭、輕率地殺人與自殺、城市破壞、生態破壞、氣候嚴重變遷、經濟資源不均——已經夠糟了。更糟糕的是，因為人類過度注意科技發展，導致許多人喪失追求生命的意義與喜悅，也不知道該如何將人生與永恆存在結合。

關於靈魂與來生、轉世、上帝和天堂的問題，目前還無法以現代科學方法證明，進而認為這些事情可能不存在。同樣的，擴展意識現象，例如天眼通、超感知覺、意志力、異常的洞察力、心電感應，以及預知能力，仍不為「標準」的科學研究所能理解與接受的範圍。在我昏迷之前，我也懷疑過這些事情的真實性，最主要是我不曾深入體驗，而且這些現象也無法以科學觀點解釋。

就跟許多抱持懷疑態度的科學家一樣，我甚至拒絕去看與這些現象相關的資料。正因為我的有限觀點無法解釋事情發生原因，我對資料以及提供資料的人已有先入為主的判斷。那些堅持沒有證據能證明該現象與擴展意識有關的人，就算有許多資料擺在眼前，他們也會固執地選擇忽略。他們相信自己不必檢視事實也能知道真相。

對於困在科學懷疑論陷阱的人，我推薦二〇〇七年出版的《不可征服的心智：

二十一世紀心理學》（*Irreducible Mind:Toward a Psychology for the 21st Century*）一書，書中提出以豐富的科學分析，解釋身體之外存在的意識。這書可算是一本指標性著作，由維吉尼亞大學感知研究中心的高知名度學者共同著作，作者群提供全面性的相關資料檢視，而結論更是無可避免地指出：這些現象是真實的，如果我們想要知道人類存在的真相，就試著去了解意識現象的本質。

我們的思考方式一直受到誘導，認為科學世界的觀點就是認識「萬有理論」（TOE）最快的方式，在這情況之下，關於靈魂、精神，甚至是天堂和上帝，幾乎就沒有存在的空間。我在昏迷期間的深度之旅，離開了低層的物理世界，進入全能造物者所在的崇高之境，這趟旅程也揭露了人類知識與令人讚嘆、上帝所在國度之間的鴻溝。

我們每一個人其實都非常熟悉意識，但相較於對宇宙的了解程度，人類對意識運作機制了解有限。我們已經很接近永恆的家。這與物質世界的物理現象（夸克、電子、光子、原子等）無關，而是由大腦的複雜結構出發，提供探索意識真實性的一絲線索。

事實上，探索靈性世界真實性的線索，正是意識存在的奧秘。這是遠超過物理學家或神經科學家所能理解的神秘範圍。正因他們無法解釋，所以在人類意識與量子力學——以及物理現實——之間才會出現模糊地帶。

要真正深入研究宇宙，我們必須知道意識所扮演的基本角色。量子力學的研究結果，震撼了許多該領域傑出的學者，其中有許多人（維爾納・海森堡、沃夫甘・包立、尼爾斯・波爾、歐文・薛丁格、詹姆士・詹斯……等人）便轉向從神秘的世界角度尋求答案。他們發現，要將實驗與實驗者分離是不可能的事情；同樣的道理，意識也無法與現實分離。我發現在這背後，是一個難以形容、巨大且複雜的宇宙，而意識感正是該宇宙所有物質的根基。我完全與該世界連結在一起，所以當我移動時，「我」與周遭世界並沒有太大的差別。

如果我必須作出結論的話，我想說的是：首先，就我們能看見的部分來說，其實宇宙比我們見到的還大上許多（事實上，這也不是什麼特殊見解，傳統科學已經證實，百分之九十六的宇宙是由「黑暗物質與能量」所組成。那麼，什麼是黑暗物質？*這一點目前還沒人知道。但我個人經驗特殊之處，即在於我是直接以意識行動。這不是我在上面學到的理論，而是一個事實。這個事實之震撼，有如北極圈空氣迎面撲來。）第二點：我們每個人與廣大的宇宙都有一種複雜難解的牽連。那裡才是我們真正的家。我們現在所處的世界，就像將一個人關在小櫥櫃裡，以為外頭什麼東西都沒有。第三點：信念的力量能促使「心智超越一切」。當我還是醫學院學生時，我常因安慰劑效應的安慰力量而感到困惑——醫學研究顯示，有百分之三十以上的患者，只要相信醫生為他添加有效藥物，便能舒緩症狀，即便其實只是加入某種惰性物質。醫學界的專家們看到的不是信念的力量，也不是看到信念如何影響健康，他們看到的是杯子中「沒水的那一半」——認為安慰劑效應是妨礙治療的作法。

量子力學的中心之謎在於我們對時空概念的誤解。宇宙或許浩瀚，卻不見得離我們很遠。沒錯，物理空間看似無垠，但其實也是有限。自然世界的宇宙，它整體的長度與寬度，跟靈性世界——意識王國（有些人會說「生命的力量」）——相比之下，根本是微不足道。

廣大浩瀚的靈性世界，其實一點也「不遠」。事實上，就在這裡，就在我現在打下這行字的位置，也就在你所在、閱讀本書之處。它離我們身體不遠，只是以不同的頻率存在。就是此刻、就在這裡，只是我們沒有察覺，顯然是因為頻率不同。我們所在的環境，有時間和空間的規律，受到感官影響，看待世界有獨特的方式，接受宇宙的次原子量子光譜也有自己的頻率。因此，當另一個空間在進行的同時，我們看不到它的存在。

這一點，早期的希臘人就已經發現了，我只是發現自己經歷了他們早已知道的事情：果然是英雄所見略同。宇宙是由多層次、多面向所構成的環境，而你必須成為該面向的一部分。或者，更準確來說，你必須敞開心房，接受在宇宙世界中所擁有、但還沒意識到的身分。

宇宙沒有開始，也沒有結束，而上帝則是無所不在。事實上，大部分的人提到上帝與高等靈性世界時，都是把祂們帶到人的層次來說，而非提升自己的感知，從上方世界的角度來看待事情。所以，我們不足的描述方式，只是為真實的自然本質蒙上一層陰影。

宇宙沒有開始，也沒有結束，但是宇宙有標點符號——其目的在於為生物提供生存方式，並讓萬物享有上帝的榮耀。創造宇宙的「大爆炸」，正是上帝最有創意的「標點符號」之一。Om是從外在的角度看事情，包含所有祂創造的事物，其觀點甚至比我所知的層次更高。在這裡，看到就等於知道。在經歷事情與了解事情之間，並無明顯差別。

「我之前看不見，但我現在看到了。」這句話現在對我有全新意義，因為我終於知道，我們在人世間看待靈性世界的方式是多麼狹隘——尤其是跟我以前一樣的人，相信只有眼見為憑的事實才是真實，至於其他的東西，例如思想、意識、想法、情緒、精神——統統只是事實底下的產物。

這個發現對我有很大的啟發，因為它讓我看見，在每一個人脫離肉體與大腦的限制之後，可以透過意識進行溝通的範圍有多廣，了解前方道路有多長。

幽默、諷刺、憐憫，我總以為這些是人類發展出來適應痛苦、不公平世界的特質。的確是這樣。但除了當作慰藉之外，這些特質也是可辨識的——簡短、一閃即逝，但是都很重要——不管在當下的世界，我們為何而掙扎、為何而痛苦，這些痛苦的事情，都無法真正碰觸到我們永恆而真實的本質。微笑與諷刺也不過就是在心裡提醒自己，我們不是這個世界的囚犯，只是來走一遭的旅客罷了。

另一個好消息是，你不必真的等到快死了，才能瞥見面紗背後的神秘世界。但是你必須做點功課。透過書籍或資料來認識另一個世界，是個開始的方法——但最終，每一個人都必須深入自己的意識，透過禱告或冥想來接觸真相。

冥想有很多種形式。在我經歷昏迷之後，我認為對我最有用的方法，是由羅勃．蒙羅所提倡的方式，他是維吉尼亞州法貝爾市的蒙羅學院創辦人。他們獨特的優勢，就是不受任何哲學教條信念所限制。蒙羅系統的冥想練習方式，唯一要記住的原則就是：我，不是只存在於身軀裡。這個簡單的認知就已經有深遠的影響了。

羅勃．蒙羅是五〇年代在紐約一名成功的電台節目製作人。在探索以錄音內容進行睡眠學習的過程中，他開始有了脫離身體的經驗。他超過四十年以上的詳細研究內容，以聲音科技為出發點，提出「雙腦同步」的概念，也提供了一個提高深層意識探索的有效系統。

雙腦同步可以透過創造放鬆狀態，增加選擇性覺察與提升表現。然而，雙腦同步更能有效提升意識，進入交替的感知模式，包括深層冥想與神秘狀態。雙腦同步涉及腦波中夾帶的物理共鳴。意識的感知心理學與行為心理學，也是大腦心智與意識的基礎生理作用。

雙腦同步採用特定音頻（兩邊耳朵聽到的音頻略微不同），同步引導大腦腦波活動。「雙耳波差」是以兩種些微差別的音頻同時傳入腦中所構成的第三音頻。透過腦幹中原始且高度精確的計時機制，能使聲音來源平行傳遞於腦內，而雙耳波差經神經系統轉送到網狀結構，提供丘腦和大腦皮質訊號，進而產生意識。這類訊號同步產生腦波的範圍在一到二十五赫茲（Hz，頻率單位：次／秒）之間，包括低於人類聽覺（二十赫茲）接收範圍的重要區域。腦波可接收的頻率包括δ波（小於四赫茲，深層無夢睡眠狀態）、θ波（四至七赫茲，深層冥想、深層放鬆、非快速眼動睡眠階段），以及α波（七至十三赫茲，快速眼動期、睡眠作夢狀態，淺層睡意、清醒放鬆）。

經歷昏迷之後的我，在後續的探索過程中，我想到可以透過雙腦同步的方式，同步大腦皮質電活動，鈍化物理大腦的過濾機制，藉此釋放體內意識——這就像是腦膜炎產生的效果。我相信藉由雙腦同步，在不需病危的情況下，也能重返昏迷期間曾經到過的類似世界。但就跟小時候夢到飛行過程一樣，這是一個可以完整經歷旅程的方法——但如果我試著用力去想、太過努力去想，或者緊抓住不放，這個方法就不管用了。

要說我全然了解似乎又不太恰當，因為我所看到的創造力與敬畏感，是無法描述於萬一。我知道有些宗教排斥稱上帝之名或描繪神界先知，其實有一種方式可以解釋他們的想法：因為Om的真實性為真，但完全超過人類理解與表達能力範圍，因此在人世間找不到能完整描述的字眼或圖案。

就像我的覺知，有時像是個人經驗，有時卻又感受和宇宙合而為一，所以當下我能感受到「自我」界線，有時候又擴大到包括整個永恆的物質。我的覺知與周遭世界的界線十分模糊，所以有時候，我會變成整個宇宙的一部分。用另一個方式來解釋，是我短暫看見在宇宙中的身分，該身分其實一直都在，只是在那之前，我一直沒看見而已。

我常用雞蛋來比喻深層意識的方式。在核心世界中，我跟球體光芒一同身處在永恆的高等世界中，跟上帝非常親近，但我感覺到那股強烈的創造力、上帝最原始的一面，上帝就像包覆著蛋黃與蛋白的雞蛋殼，非常貼近意識（因為我們的意識是神性直接的延伸），但我仍無法具有創造意識的能力。即便我的意識跟永恆世界一致，我感覺到似乎又無法與該世界合而為一。在近乎一致的世界中心裡，仍然是有二元性存在。這種明顯的二元性，可能就是要將人類覺知帶回高等世界的過程。

我從未直接聽過Om的聲音，也沒看過Om的臉。但當時Om是以思緒和我溝通，就好像一波波的海浪襲來，捲起我身邊所有的事物，讓我看到還有更深層的結構存在——我們都是深層結構的一部分，只是往往不自覺罷了。

所以，我曾經直接和上帝溝通嗎？答案是肯定的。這樣說，可能聽起來有點誇張，但是在事情發生的當下，我卻不這麼認為。事實上，我覺得自己所做的事情，是每一個靈魂在離開軀體之後都能做的。而我們現在能做的，就是透過不同的禱告或冥想與上帝溝通。與上帝溝通聽起來是一件非常神奇的經驗，但在當下，一切都發生得非常自然，因為上帝隨時與我們同在。上帝是全知、全能和無條件的全愛。人人都能夠透過自己的神性與上帝連結。

*百分之七十是「黑暗能量」，是天文學家在九〇年代中期發現的神秘力量，當時他們透過Ia型超新星研究發現，在過去五十億年，宇宙都充滿著黑暗能量——正是導致宇宙目前加速膨脹的原因。另外百分之二十六是「黑暗物質」，這異常「超過」的重力揭露在過去數十年間，銀河與星系的旋轉方式。科學家可以提出解釋，但黑暗現象背後的謎團，依舊成謎。

35. 最後的困惑

我必須願意放下現在的自己，才能變成將來想成為的人。

——亞伯特．愛因斯坦（一八七九～一九五五）

愛因斯坦是我早期的科學偶像，而上面所引述的話，一直是我最喜歡的名言之一。但我現在終於了解這些文字的真正意義。每次跟科學家同事分享我的故事時，從他們呆滯的眼神或不安的神情便可判斷，大家都覺得我瘋了——但我知道我所說的事情，是絕對具有科學可信度，而且是開啟進入全新科學認知世界的一扇門。我認為意識是世界上最偉大的存在實體。

但瀕死現象有一種常見的情況，並未發生在我身上。或者，更準確來說，是我未曾經歷過某些現象，而其原因都繞著一個事實打轉：

離開身體的期間，我不記得自己在人世間的身分。

雖然每個人的瀕死體驗都不同，但我在先前的閱讀過程中發現到，許多人都曾發生過某些典型、相同的特徵。其中一件事情，便是瀕死者會遇見過世的親友。但我沒有遇到任何我認識的人。

這一點我不做多想，因為我知道自己當時不記得在世間的身分，也才能比其他瀕死者進入更深層的世界。這一點就沒什麼好抱怨的。但真正困擾我的，是有一個我深愛的人、我很想見到他。我的父親在我陷入昏迷的四年前過世。如果他知道，在我迷失的那些年，我因為自己無法變成跟他一樣優秀而有多麼難過的話，他為什麼不來安慰我？畢竟，瀕死者常會見到過世的親友來迎接、安慰他們。我渴望這種安慰，但卻從未得到。

當然，這不是說我沒有得到任何安慰。我有，是來自於蝴蝶上的女孩。但那天使般奇妙的女孩，我並不知道她是誰。每次我進入田園村莊時，總會見到她坐在蝴蝶翅膀上，我也清楚記得她的臉——清楚到我知道自己一生中不曾見過她，至少在人世間不曾見過。而瀕死體驗過程中，瀕死者常見到的對象，往往是在世間認識、已過世的親友。

雖然我試圖甩開這念頭，但我還是無法不去想其中的意義。我並非懷疑發生在我身上的事情。我對荷莉和對孩子們的愛是無庸置疑的，那為什麼在我進入另一個世界時，來迎接我的不是我的父親，而是在蝴蝶翅膀上、我不認識的女孩。這一點一直困擾著我。有鑑於我與家庭在情感上的密切連結，我不懂的是，是否因為我是被送走的孩子，不然為什麼如此重要的訊息——我是被愛的、我不是被拋棄的——不是由我認識的人來傳遞？例如……我的父親？

事實上，「拋棄」一詞始終藏在我心中深處，幾乎是跟著我一輩子——雖然我的家人一直努力付出他們的愛，彌補一切傷痕。我父親時常告訴我，要我別執著於過去發生的事情、發生在他們將我領養回家之前的事情。「不管怎樣，早期的事情你根本就不記得。」他說。

但是這一點，他可能說錯了。我的瀕死體驗讓我知道，原來這一直是我藏在心底深處的秘密，而且起源於非常、非常的早。因此，從認知前、學語前開始，我就知道我是被送走的小孩，而這個事實會跟著我一輩子。在心底深處，我還是難以原諒這個事實。

只要問題一天得不到答案，我的心裡就有一個聲音揮之不去。那個聲音堅持而婉轉地告訴我，在我看似完整的瀕死體驗中，好像少了什麼，似乎還有地方等待釐清。

基本上，某一部分的我，還是懷疑陷入深層昏迷期間所經歷事情的真實性，當然也包括那個世界真實存在與否。對那部分的我而言，是因為從科學角度來看，有些事情還是「說不過去」。而那微小卻堅定的懷疑聲音，開始動搖著我逐漸建立起的新世界觀。

36. 照片奇蹟

感恩不只是至高的美德，也是萬事之母。

——西賽羅（西元前一〇六～四三）

出院四個月後，我的親生妹妹凱西將貝西的照片寄給我。當時我在樓上的房間裡，打開大信封袋，拉出一張加框、亮面的彩色照片，照片裡的人是我無緣認識的妹妹。也就是這張照片，開啟了我的探索之旅。我稍後發現，她就站在位於南加州家中附近、巴博亞島碼頭的防波堤邊，以美麗的西海岸夕陽為背景。她有著一頭棕色長髮、一雙深藍色的眼眸，笑容散發著愛與仁慈，似乎直接看透我的內心。我感到一陣情緒高漲，同時又帶著心痛感。

凱西在照片背後貼了一首詩，是大衛・羅馬諾在一九九三年的作品〈當明天開始沒有我〉。

當明天開始沒有我
而我不在那裡
如果太陽升起，發現你的眼中
因為我而淚水盈眶
我多麼希望你別落淚
像今天一樣
想起有許多事情
我們還來不及說
我知道你愛我有多深
就如同我愛你一樣
每當你想起我
我知道你也會想念我
但當明天沒有我的時候
請你要知道
是天使的到來，喚著我的名

牽起我的手
說已為我準備好了地方
就在上方的天堂
而我必須將一切留下
包括我所有的摯愛
但當我轉身離開
淚水從眼中滑落
在我一生中，我始終認為
自己不想死
我有太多活下去的理由
還有許多未竟之事
我不可能
放下你而離開

我想起昨日種種
好的，壞的

想起我們共享的愛
和共有的歡樂
如果昨日能重來
哪怕只有時光片刻
我會吻你，說再見
或許還能看著你的笑容
但我清楚知道
這一切都不可能了
空虛與回憶
占滿心中
想起世間種種
我希望還有明天
我想起你，而當我想起時
心中滿是傷悲
但當我走過天堂大門
我深深感覺像回到家中

當上帝往下看著我、對我微笑
祂從散發金色光芒的寶座上
說，「這就是永恆
我曾應許你的
你在人世的一切今日已成過去
但嶄新生活由此開始
我的應許沒有明天
因為今天永遠長存
既然每一天都一樣
就毋須懷念過去
因為你的信念堅定
如此真摯、如此真實
雖然有些時候
你做了一些
知道自己不該做的事情
但你已獲得原諒

至少現在你是自由的
何不上前握住我的手
一同分享我的生命？」
所以當明天開始沒有我
別以為那是分離
每當你想起我時
我就在這裡，在你的心中

我小心翼翼將照片立在櫥櫃上，看著照片，眼眶泛起淚水。她看起來有種莫名、難以忘懷的熟悉感。不過，她理當看起來如此，畢竟我們有血緣關係，在這個世界上，除了其他兩個親手足之外，就剩下她跟我有相同的基因了。不管我們是否曾經相遇，貝西和我之間都有密切的連結。

隔天早上，我在房裡閱讀伊莉莎白・庫伯勒・羅絲所著的《論死後的生命》（Elisabeth Kubler-Ross, *On Life After Death*），書中提到一則故事，是一名十二歲小女孩的瀕死體驗，一開始她不敢告訴父母親這件事。然而，她最後還是忍不住向父親坦承一切。她告訴父親，她在一處充滿愛與美麗的神奇之境所發生的事情，以及她如何遇見哥哥，哥哥是如何陪伴、安慰她。

「唯一的問題是，」女孩告訴父親，「我並沒有哥哥啊。」

女孩父親的眼中充滿淚水。父親告訴女孩，她其實是有哥哥的，只是哥哥在她出生前三個月過世了。

至此，我停止閱讀。有一度，我陷入莫名茫然的空間，無關思考與否，就只是……吸收某樣訊息。有某種念頭，就正好出現在意識邊緣，卻還無法完全穿透。

接著，我的視線移到五斗櫃上，看著凱西寄給我的照片，照片上是我沒有機會認識的妹妹，是一個我只聽過家人提起關於她的故事的人，只知道她有一顆寬厚仁慈的心，非常關心、照顧他人。他們常說，她太好了，好到像個天使。

沒有粉藍靛青的裙子、沒有天堂之路、沒有坐在美麗蝴蝶翅膀上的光芒環繞，第一眼還真不容易看出就是她。但這很自然。我只見過天上的她——那個活在上方世界，遠超過充滿悲傷與憂慮的人世間。

但現在，我確定那就是她，看那充滿關愛的微笑、自信且無比欣慰的表情，還有閃亮的藍色雙眼，絕對錯不了。

就是她。

那一瞬間，所有世界都接上了。我在人世間，是個醫生、父親與丈夫。而在另一個世界裡——一個浩瀚無邊際、廣大到足以迷失自我的世界，變成宇宙中純粹的一部分，沉浸在充滿上帝的愛之中。

在一個下雨的星期二早晨，就在我們家的房間裡，上與下的世界就在那一刻連起來了。看到照片讓我覺得，自己就像童話故事裡的小男孩，進入到另外一個世界之後，再回到原本的生活時，以為一切只是一場夢——直到發現口袋裡有著另一個世界的神奇寶物。即便我再想否認這一切，但過去幾週以來，我的內心不斷陷入掙扎。一部分的我相信自己曾經離開身體、進入另一個世界；另一個我，身為醫生、身為醫治者，要求自己忠於科學。

我凝視著妹妹的臉，我知道，她就是我的天使——這一點我非常肯定——在過去的幾個月、從我清醒之後，這兩個一直縈繞在我心中的人，原來是同一人。我必須完全接受自己身為醫生、科學家、治療者的身分，也必須接受進入天堂這件令人不敢置信、卻又真實且重要的經歷。這很重要，但不是因為我，而是因為背後奇特、破天荒且具有說服力的種種細節。我的瀕死體驗療癒了靈魂缺口，也讓我知道自己始終被愛著。同時也讓我看到，世界上的每個人絕對都是受到關愛。而這一切都是發生在——用現代醫學名詞來說的話——肉體不可能經歷任何事情的狀態之下。

我知道不管如何，一定會有人想要反駁、否定我的經驗，許多人也會對我所說的內容大打折扣，只因為拒絕相信我所經歷的事情有其「科學性」可言——認為只不過是一場瘋狂的夢境罷了。

但我再清楚不過。不管是在人世或另一個世界裡，我的所見所聞都有其責任所在——身為科學家，我必須尋找真相；身為醫生，我致力於幫助他人——也就是要盡力讓越來越多人知道，我所經歷的一切真實不虛，而且非常重要。不只是對我個人，而是對我們所有人而言。

我的這趟旅程不只是關於愛，也是關於我們究竟是誰，以及我們如何有所連結——即存在的真正意義。我知道我在上面遇見了誰，而回到人世後，我意識到，心中最後一道傷口已經悄然縫合。

你是被愛的。這些字是當我身為孤兒、身為被送走的孩子時，渴望聽到的一句話。但這也是在唯物主義年代的每一個人，都需要的一句話。就身分的本質而言，我們是誰、從何而來、將往何處去，在這些事情上，我們的（錯誤）感受便與孤兒無異。若無法從更廣泛的角度來看連結性，若無法想起造物者無條件的愛，則世界上的人類永遠無法擺脫失落感。

因此，這是我的故事。我還是科學家，還是醫生，我的兩大責任是：榮耀事實與幫助療癒。這代表我必須說出我的故事，一個隨著時間過去，我越清楚有其發生原因的故事。並非我有什麼特別之處，只不過是兩件事情同時發生在我身上，而當兩件事情結合時，也該是還原科學真相的時候。藉此讓全世界知道，物質世界的確存在，但你我的意識、靈性世界，也將不再是宇宙之謎。

我就是活生生的見證。

【體外意識】

正因親身經歷過瀕死狀態，我希望能藉由此一經驗，讓世界變得更美好，而「體外意識」（Eternea）正是推動改變的推手。「體外意識」是非營利公益慈善單位，由我和我的朋友兼同事約翰・奧迪特共同建立。它是一個懷有熱情的組織，努力為地球及全人類創造最美好的未來。

「體外意識」的任務是要提升靈魂出體經驗、意識物理學、意識與物理現實（例如物質與能量）互動的相關研究、教育與計畫。該組織希望以有規畫、務實的方式，讓大眾了解瀕死體驗，並且歸納統整與靈魂出體經驗的相關資料。

如果你曾有過靈魂覺醒或靈魂出體的經驗（或者你為失去所愛之人而悲傷，或者你或你所愛的人正面臨病危情況），都歡迎上網分享個人經驗，網址是：www.Eternea.org。「體外意識」有許多珍貴資料，可提供對此研究領域感興趣的科學家、學者、研究人員、神學研究者及神職人員作為參考。

伊本・亞歷山大醫師 維吉尼亞州，林奇堡
二〇一二年七月十日

感謝

我要特別感謝親愛的家人，在我昏迷期間，陪我度過最艱難的時光。感謝當了我三十一年妻子的荷莉，還有我們最棒的兒子：伊本四世和邦德，他們是引導我回來的核心人物，並且幫助我理解我的經驗。

我要感謝的親友還包括我最愛的父母親：貝蒂和伊本·亞歷山大二世，以及我的姊妹們：珍、貝西和菲莉絲，是他們在我昏迷期間，（和荷莉、邦德、伊本四世）每天二十四小時輪流牽著我的手，讓我隨時感覺到他們的愛。在我剛清醒、精神不穩定的期間（當我晚上從不睡覺的時候），還有在我被送到神經科學觀察病房時，貝西和菲莉絲總是在一旁守著我。沛姬·達利（荷莉的妹妹）和希薇亞·懷特（荷莉三十年的好友）也都不斷在加護病房守著我。如果沒有他們每個人的愛，不間斷地引導我回到這個世界，我恐怕是回不來了。感謝達桐和傑克，謝謝他們把自己的母親菲莉絲借給我、守護我。也要感謝荷莉、伊本四世、我的母親和菲莉絲幫我編輯本書內容、提供意見。

我也要感謝上天賜給我的原生家庭，尤其是我已故的妹妹，她也叫貝西，是我在這個世界沒機會見到的家人。

感謝林奇堡總醫院的醫生群，特別是史考特・韋德、羅伯特・布里南、蘿拉・波特、麥可・米藍、查理・喬瑟夫、莎拉・賀威爾、提姆・賀威爾……等人。

同時也要感謝林奇堡總醫院傑出的護士與職員：羅伊・紐比爾、麗莎・芙羅瓦絲、丹娜・安卓斯、馬薩・凡斯特洛德、迪安納・湯姆霖、瓦拉莉・華特爾斯、潔妮絲・史諾瓦思齊、墨利・曼尼斯、黛安・紐曼、喬安・羅賓森、珍妮特・飛利浦、克莉絲汀娜・寇斯特羅、賴瑞・波文、羅賓・普萊斯、亞曼達・迪克西、布魯克・雷納多、艾瑞卡・史多克。我因為陷入昏迷，這些名字都是家人事後告訴我的。所以，如果您曾經照顧過我，但我卻漏掉您的名字，請您見諒。

感謝幫助我重返人間的關鍵人物：麥克爾・蘇利文和蘇珊・雷吉斯。

約翰・奧迪特、雷蒙・穆迪、比爾・葛根漢，以及肯・芮恩等人是創立瀕死團體的先驅，對我有深深的影響（更要感謝比爾極佳的編輯協助）。

感謝「維吉尼亞意識」運動的思想領導者，包括布魯斯・格雷森、艾德・凱利、艾蜜莉・威廉斯・凱利、吉姆・拓克、羅斯・堂西斯與包伯・范凱瑟。

感謝上天派給我的代理商蓋兒・洛斯與她的同事霍華德・尤恩，以及Ross Yoon代理商公司裡的其他工作夥伴。

感謝托勒密・湯普金斯的學術貢獻，他提供了許多關於來世的見解，以及他的編輯與寫作功力，以客觀公正的角度提供意見，在我寫作的過程中影響甚鉅。

感謝Simon & Schuster出版社的副社長兼執行編輯普利斯卡・潘頓，以及執行副社長兼出版人強納森・卡普，感謝他們不凡的遠見與希望讓世界更美好的熱情。

感謝我的好友，馬爾文與特芮・漢姆緒，是他們的熱情陪伴我度過關鍵時刻。

感謝特立・畢阿佛斯與瑪格瑞塔・麥可伊凡，是他們搭起靈性與治療的關係橋梁。

感謝凱倫・紐威爾分享探索深層意識狀態的經驗，並且教我如何「做真正的自己、愛真正的自己」。感謝在維吉尼亞州法貝爾市蒙羅學院的工作人員，尤其是羅勃・蒙羅所追求的事物真實的本質，而非僅是應有的特質；感謝卡羅・薩比克・賀雷和凱倫・馬利可找到我；感謝保羅・雷德馬查和史基普・阿特瓦德，是他們歡迎我進入位在維吉尼亞州中部、高山中如仙境般擁有翠綠草地的可愛村落。

還有，我要感謝凱文・寇溪、派蒂、亞方隆、佩妮・賀默思、喬與南西・麥克蒙吉拉、史考特・泰勒、辛蒂・強史頓、艾咪・哈帝、洛雷斯・亞當斯，以及我於二〇一一年二月在蒙羅學院認識、引導我的同伴（查理・尼希理、羅伯・山德史創，以及安德立亞・伯格），還有二〇一一年七月的生命線參與者（以及引導者法藍西恩・金恩與喬依・蓋藍伯格）。

感謝我的好友與來自各方的意見。傑・蓋博洛、喬森・紐奔、艾倫・哈密頓博士，以及科奇・卡特等人，在看過本書初稿之後，發現我無法以神經科學全面解釋此一靈魂經驗的挫折感之後，所給予的支持與建議。喬森和艾倫是從科學家與懷疑論者的角度，針對我的經驗給予精闢的意見，而傑則是從科學家與神秘主義的角度來給予建議。

感謝與我一同探索深度意識以及合一世界的同伴，包括愛爾科・夕爾・馬卡尼與吉姆・馬卡尼。

感謝跟我有類似瀕死體驗的同伴安卓・克里維茲所提供的編輯建議，以及卡洛隆・泰勒的引導，幫助我了解相關經驗。感謝布里茲與海蒂・詹姆士、蘇珊・卡靈頓、瑪莉・霍恩、米尼・思奇斯，和南西・克拉克等人，是他們的鼓勵與信任，讓我得以正視、感謝這段難以解釋的經驗。

感謝潔妮特・薩曼、瑪莎・哈賓森、索邦（雷克）與丹娜・法德斯、珊卓拉・吉克曼、沙利弗・阿布達，以及我在二〇一一年十一月十一日所遇到的旅伴，感謝大家與我一同分享關於人類未來光明意識的七種正面見解。

還有許多要感謝的對象，包括在陪伴我度過那段最難過的日子，以及給予我多方意見與觀察心得、幫我一起完成這本書的親友：朱蒂與迪奇・史都瓦、蘇珊・卡靈頓、傑克與榮恩・希爾博士、麥克・麥卡利、喬治・亨特、約拿與瓦爾特・貝佛利博士、凱瑟琳與衛斯理・羅賓森、比爾與派蒂・威廉森、迪衛特與喬夫・克斯特、托比・比衛斯、麥克與琳達・米藍、海蒂・巴德威、瑪莉・布洛克曼、凱倫與喬治・陸普頓、諾門與佩姬・達頓、喬希爾與凱文・尼伊、喬依和貝蒂・穆倫、巴斯特與琳・沃克爾、蘇珊・懷特賀德、傑夫・賀斯理、克拉拉・貝爾、克特妮與強尼・阿佛德、吉爾森與多吉・林科隆、李茲・史密斯、蘇菲亞・寇迪、隆尼・簡森、蘇珊娜與史提夫・強生、寇比・漢尼斯、鮑伯與史蒂芬妮・蘇利文、黛安與托迪・維伊、寇拜・普菲特、泰勒全家、雷姆斯全家、塔湯姆全家、漢普爾全家、蘇利文全家，以及穆磊全家……等等。

而我最深、最特別的感謝，獻給上帝。

附錄1：史考特・韋德醫生的話

在二〇〇八年十一月十日那天，當伊本・亞歷山大醫生被送進醫院時，身為感染疾病專家的我，隨即被要求會診，並且發現他感染了細菌性腦膜炎。

亞歷山大醫生的病情迅速惡化，起初呈現類似感冒症狀、背部疼痛以及頭痛。他迅速被送到急診室，進行頭部斷層掃瞄，並且從腰部穿刺抽取脊髓液，檢查結果是感染革蘭氏陰性菌。醫生迅速幫他注射抗生素，希望能抑制該菌生長；因為情況危急且陷入昏迷，有配戴呼吸器之必要。在接下來的二十四小時內，脊髓液中的革蘭氏陰性菌證實為大腸桿菌。大腸桿菌腦膜炎常好發於嬰兒身上，在成人身上是相當罕見（在美國，每年一千萬人口中感染人數不到一人），尤其當事人沒有受到頭部創傷、神經手術或如糖尿病等醫療症狀。亞歷山大醫生發病前的健康狀況良好，且找不出任何可能感染腦膜炎的因素。

革蘭氏陰性菌在孩童與成人身上的致死率為百分之四十～百分之八十。亞歷山大醫生送到醫院時有抽搐現象，且精神狀態明顯不穩定，兩者皆為產生神經系統併發症或致死（死亡率超過百分之九十）的風險因素。即便接受積極性的抗生素治療，抑制其體內之大腸桿菌，並且持續在加護病房接受醫療照顧，他依舊陷入昏迷六天，期盼迅速恢復健康的希望渺茫（死亡率超過百分之九十七）。然後，在第六天時，神奇的事情發生了──他睜開眼睛，恢復靈活動作，且能迅速拔掉呼吸器。他能在昏迷將近一週後，完全從該疾病中復原，真的是一件值得注意的事情。

附錄2：以神經科學角度解釋我的經驗

跟其他幾位神經外科醫生與科學家一同檢視我的記憶內容之後，我列出幾個可能可以解釋我的記憶情況的假設原因。但說穿了，這些都無法解釋我在天堂之路與核心世界時，那段豐富、完整、錯綜複雜互動過程（極度真實）的經驗。可能原因包括：

①是腦幹發揮作用，緩和臨終痛苦與不適（從「進化論點」來看，這可能是像低度演化的哺乳類動物在無路可退的情況下，所採取的「裝死」策略？）。這一點無法解釋記憶中，完整且豐富的互動過程發生之原因。

②邊緣系統深層發生記憶失序，保護大腦免於受到腦膜炎感染，但這主要只會發生在大腦表層。這一點無法解釋記憶中，完整且豐富的互動過程發生之原因。

③內源性谷氨酸鹽封鎖興奮性神經毒性，如使用氯胺酮後所呈現的麻醉幻覺現象（有時可做為解釋瀕死現象的原因）。我早期在哈佛醫學院擔任神經外科醫生時，曾看過幾次以氯胺酮做為麻醉劑的效果。其產生之幻覺多是雜亂且不舒服的現象，不管從哪個層面來看，都無法與我昏迷期間的經歷相比。

④二甲基色胺傾卸（從松果體或大腦其他部位）。二甲基色胺是一種自然產生的血清胺作用劑（特別是5-HT1A、5-HT2A與5-HT2C接收器），會造成逼真的幻覺現象與夢境狀態。我個人從七〇年代初期，在我還是青少年時，就非常熟悉血清胺作用劑或血清素拮抗劑（如ＬＳＤ或麥斯卡林）的藥物效果。我雖沒有親身經歷過二甲基色胺傾卸的感覺，但曾在患者身上看過幾次。在我昏迷期間的經歷，因為具有豐富的視覺與聽覺內容，要產生此現象，則大腦皮質的聽覺區域與視覺區域必須完好無損。因為細菌性腦膜炎所導致的長時間昏迷，早已嚴重破壞我的大腦皮質，該處正是腦幹中縫核血清素（或二甲基色胺，一種血清胺作用劑）會對視覺與聽覺產生影響的地方。但我的大腦皮質已經失去作用，而二甲基色胺在腦中也無處發揮。考量到我的經驗中，具有高度真實的聲音與視覺經驗，在缺乏大腦皮質作用

的情況下，二甲基色胺產生影響的假設不成立。

⑤大腦皮質區域的隔離保護或許可以解釋部分原因，但大部分的情況還是說不通，因為我的腦膜炎症狀十分嚴重，一週的治療都不見起效：周圍的白血球細胞計數超過27,000/mm^3，百分之三十一的毒性顆粒，腦脊髓液白血球計數超過4,300/mm^3，腦脊髓液葡萄糖下降到1.0 mg/dl，腦脊髓液蛋白質為1,340 mg/dl，從放大的斷層掃描圖片可看出，我的大腦異常與腦膜炎擴散有關，而神經科檢查結果顯示，大腦皮質功能與眼球功能嚴重受到影響，代表腦幹受損。

⑥為了要解釋這段經驗「極度真實」的可能性，我檢視了以下假設：有沒有可能是因為抑制神經元的網絡系統明顯受到影響，刺激神經元產生不尋常的高度活動現象，導致出現「極度真實」的經驗畫面？腦膜炎通常會最先破壞大腦表皮層，而深層結構可能還有部分區域可以繼續運作。大腦皮質的構成單位是六層「功能區塊」，每一層的厚度約為〇．二至〇．三毫米。在每一層之間都有明顯的交錯結構，能迅速做出調整，因應從皮質下區域（丘腦、基底神經節、腦幹）傳送出的調節控制訊號。每個功能區塊在表層（一至三層）都有一個組件，因此腦膜炎只需破

壞腦皮質表層，便可有效阻隔每個區塊的功能。從抑制細胞與興奮細胞平均分布在六層的結構來看，此一假設便不成立。大腦表層擴散的腦膜炎能有效破壞整個大腦皮質，正是因為大腦區塊的配置方式。要讓全體功能癱瘓，不必破壞全部表層。在漫長的昏迷期間中，我的神經功能幾乎無法運作，再加上嚴重感染，在種種情況下，腦皮質深層結構應該是無法運作了。

⑦丘腦、基底神經節和腦幹是大腦深層結構（皮質下區域），有些同事認為，可能就是這部分的大腦，引發我的超現實經歷。事實上，如果沒有完整無傷的大腦皮質，這些組織結構根本無法發揮作用。大家全部同意，光是皮質下區域的結構組織，是無法處理精密的神經計算，進而產生豐富的互動經驗過程。

⑧「再啟動現象」——受損的大腦皮質中的老舊記憶產生隨機失序狀態，是長時間系統停擺（腦膜炎擴散），腦皮質重新恢復功能、恢復意識之後的常見現象。但因為考慮到昏迷期間的經歷過程錯綜複雜，此一解釋方式無法成立。

⑨透過中腦的視覺管道而產生不尋常的記憶，但這種情況主要是發生在鳥類

身上，鮮少在人類身上發現。除非是因為枕葉皮質受損，人類才有可能發生皮質失明現象。但這與我所見到的真實畫面無關，也無法解釋其中牽涉到的聲音與影像畫面。

The Eurasian Publishing Group
圓神出版事業機構
用心與你對話．視野無限寬廣
究竟出版社
Athena Press

http://www.booklife.com.tw inquiries@mail.eurasian.com.tw

第一本 111

天堂的證明——一位哈佛神經外科權威醫生的濒死體驗

作　　者／伊本．亞歷山大（Eben Alexander, M.D.）
譯　　者／張瓅文
發 行 人／簡志忠
出 版 者／究竟出版社股份有限公司
地　　址／台北市南京東路四段50號6樓之1
電　　話／（02）2579-6600．2579-8800．2570-3939
傳　　真／（02）2579-0338．2577-3220．2570-3636
郵撥帳號／ 19423061　究竟出版社股份有限公司
總 編 輯／陳秋月
副總編輯／賴良珠
責任編輯／賴良珠
美術編輯／簡瑄
行銷企畫／陳禹伶．鄭曉薇
印務統籌／劉鳳剛．高榮祥
監　　印／高榮祥
排　　版／陳采淇
經 銷 商／叩應有限公司
法律顧問／圓神出版事業機構法律顧問　蕭雄淋律師
印　　刷／祥峯印刷廠
2013年8月 初版（原中文書名《天堂際遇》）
2022年4月 二版

定價 320元　ISBN 978-986-137-363-8 Printed in Taiwan

人需要愛與工作、全心投入，
人能從群體之中感受到超越自我的意義感。
只有這樣，才能擁有有意義的人生。
只要你能與這個客體之間建立美滿的關係，
人生的目的及意義就會自然浮現出來。
你會意識到，你的人生是好的。

——強納森‧海德，《象與騎象人》

國家圖書館出版品預行編目資料

天堂的證明：一位哈佛神經外科權威醫生的瀕死體驗／伊本‧亞歷山大（Eben Alexander）著；張瓅文 譯.
-- 初版. -- 臺北市：究竟出版，2022.04
224 面；14.8×20.8公分. --（第一本；111）

譯自 : Proof of heaven : a neurosurgeon's journey into the afterlife
ISBN 978-986-137-363-8（平裝）
1.亞歷山大（Alexander, Eben.） 2.死亡 3. 生死學 4.傳記

197 111002284